旅游饭店星级的划分与评定

（GB/T14308—2010）
——条款解析与操作实务

刘士军　鲁凯麟⊙编著

CLASSIFICATION & ACCREDITATION FOR
STAR-RATED TOURIST HOTELS

（GB/T14308—2010）

ARTICLE EXPLANATIONS & RATING INSTRUCTIONS

中国旅游出版社

责任编辑：刘志龙
责任印制：冯冬青
装帧设计：中文天地

图书在版编目（CIP）数据

旅游饭店星级的划分与评定：条款解析与操作实务.
GB/T 14308—2010 / 刘士军，鲁凯麟编著. -- 北京：中
国旅游出版社，2011.6（2021.12 重印）
ISBN 978-7-5032-4185-7

Ⅰ.①旅…　Ⅱ.①刘…　②鲁…　Ⅲ.①旅游饭店 – 级
别 – 评定 – 国家标准 – 中国　Ⅳ.① F719.2 – 65

中国版本图书馆 CIP 数据核字（2011）第 115005 号

书　　名：旅游饭店星级的划分与评定（GB/T 14308—2010）
　　　　　——条款解析与操作实务

作　　者：刘士军　鲁凯麟 编著
出版发行：中国旅游出版社
　　　　　（北京静安东里 6 号　邮编：100028）
　　　　　http://www.cttp.net.cn　E-mail: cttp@mct.gov.cn
　　　　　营销中心电话：010-57377108，010-57377109
　　　　　读者服务部电话：010-57377151
排　　版：北京中文天地文化艺术有限公司
经　　销：全国各地新华书店
印　　刷：三河市灵山芝兰印刷有限公司
版　　次：2011 年 6 月第 1 版　2021 年 12 月第 10 次印刷
开　　本：787 毫米 ×1092 毫米 1/16
印　　张：12
印　　数：23001~24000 册
字　　数：192 千
定　　价：32.00 元
ISBN　978-7-5032-4185-7

前　言

　　在我国旅游饭店业界众多专家、学者和行业管理人员的共同努力下，历经两年时间修订、实地验证、再修订，经国家质量监督检验检疫总局和国家标准化管理委员会批准，2010 版国家标准《旅游饭店星级的划分与评定》（GB/T 14308—2010，以下简称"星级标准"）于 2010 年 10 月 18 日发布，并于 2011 年 1 月 1 日实施。

　　星级标准的发布实施是我国旅游饭店业界的一件大事。回顾我国星级标准 23 年来的发展历程，历经四次修订，引导旅游饭店业从小到大，由弱到强，从强而精。一标纵横，规范、引导、管理了一个行业，打拼出了中国旅游饭店业在世界饭店行业的地位，不仅市场接受，而且消费者广为认可。它创造了中国旅游业乃至服务业的国家品牌——星级饭店，它凝聚了老中青业者的辛勤劳动，它是饭店行业集体智慧的结晶。

　　2010 版星级标准的颁布再次引起业界和公众的广泛关注，旅游全行业迅速掀起了学习标准、贯彻标准的热潮。国家旅游局已举办 4 期全国范围的培训班，各省（区、市）也纷纷在辖区内举办宣贯班，饭店企业、院校教师、行业管理人员、各种评估咨询机构等报名踊跃。

　　为了更好地让业界和消费者理解 2010 版星级标准的内涵和变化，标准起草组组织相关专家编写了《旅游饭店星级的划分与评定释义》，对标准条款进行了逐条解读，得到了积极评价。尽管如此，在宣贯过程中，我们发现仍有许多问题需要进一步说明、解释，以避免在贯标和评定中出现理解和把握上的偏误。

　　本书对 2010 版星级标准宣贯和星评工作中经常被提及的问题和可能出现的

疑问进行了收集整理，以问答的形式作进一步解析，并对星评工作实务进行探讨。

　　本书内容分综合篇、标准篇、实务篇三部分。综合篇主要阐述饭店星级制度体系和 2010 版星级标准修订的背景和思路；标准篇尝试对星级标准中可能出现疑问的条款进行进一步解析；实务篇以五星级饭店评定为例，探讨了有关条款的分值把握尺度，并对星评具体工作流程作说明。

　　本书可以为饭店企业"创星工作"提供参考，也可作为各级星级评定工作人员的实务手册，还可以作为饭店管理专业院校的教学材料。

　　由于时间仓促，加之我们水平有限，书中难免存在不足之处。在本书编写过程中，徐锦祉先生提供了大量的专业意见，在此表示感谢。

编者
二〇一一年六月

目　录

1 综 合 篇 ……………………………………………… 1

1.1　饭店都可以参加星级评定吗？ …………………… 1

1.2　星评能给饭店带来什么益处？ …………………… 1

1.3　如何申请星级评定？ ……………………………… 2

1.4　一星到五星分别代表什么档次的饭店？ ………… 3

1.5　什么是星级标志？ ………………………………… 4

1.6　为何要对 2003 版星级标准进行修订？ ………… 4

1.7　新版星级标准的主要特点是什么？ ……………… 7

1.8　国家标准、行业标准、地方标准、企业标准之间是
　　　什么关系？ …………………………………………… 10

2 标 准 篇 ……………………………………………… 11

2.1　什么是有限服务饭店？ …………………………… 11

2.2　什么是完全服务型饭店？ ………………………… 11

2.3　突发事件应急预案的主要内容是什么？ ………… 12

2.4　什么是标准的"例外条款"？ …………………… 12

2.5　什么是"白金五星级"饭店？ …………………… 14

2.6　前厅区域功能布局的基本要求有哪些？ ………… 14

2.7　餐饮区域功能布局的基本要求有哪些？ ………… 15

2.8　客房区域功能布局的基本要求有哪些？ ……………………… 15

2.9　康体区域功能布局的基本要求有哪些？ ……………………… 16

2.10　什么是饭店建筑物外观和建筑结构的"豪华饭店品质"？ ……… 16

2.11　怎样做到饭店整体氛围协调？ ………………………………… 17

2.12　如何设置饭店导向系统？ ……………………………………… 18

2.13　什么叫第二种文字？ …………………………………………… 19

2.14　设置客房背景音乐有哪几种方式？ …………………………… 19

2.15　饭店节能减排方案有哪些主要内容？ ………………………… 20

2.16　如何区分花园与庭院？ ………………………………………… 21

2.17　应急照明设施和应急供电系统的区别？ ……………………… 21

2.18　什么是饭店专用电话机？ ……………………………………… 22

2.19　如何认识饭店的咖啡厅？ ……………………………………… 23

2.20　康体设施为何要大幅度降低分值？ …………………………… 24

2.21　五星级饭店对残障设施具体要求是什么？ …………………… 25

2.22　星级标准对饭店的节能减排有何具体要求？ ………………… 26

2.23　垃圾房的具体要求有哪些？ …………………………………… 27

2.24　客房面积怎么计算？ …………………………………………… 28

2.25　什么是结构化综合布线系统？ ………………………………… 29

2.26　星级标准如何评价饭店服务质量？ …………………………… 31

2.27　为何要强调整体性？ …………………………………………… 33

2.28　确保饭店信息安全的措施有哪些？ …………………………… 34

2.29　如何区分主流与非主流系统供应商？ ………………………… 35

3 实 务 篇 ……………………………………………………………… 36

3.1　如何检查突发事件应急预案？ ………………………………… 36

3.2　如何检查饭店培训系统？ ……………………………………… 37

3.3　前厅检查要点有哪些？ ………………………………………… 38

3.4　客房检查要点有哪些？ ………………………………………… 40

3.5　豪华套房检查要点有哪些？ ……………………………………… 43

3.6　残疾人客房的检查要点有哪些？ …………………………………… 44

3.7　客房卫生间的检查要点有哪些？ …………………………………… 45

3.8　公共卫生间的检查要点有哪些？ …………………………………… 46

3.9　行政楼层的检查要点有哪些？ ……………………………………… 47

3.10　大宴会厅的检查要点有哪些？ ……………………………………… 49

3.11　游泳池的检查要点有哪些？ ………………………………………… 49

3.12　健身房的检查要点有哪些？ ………………………………………… 50

3.13　水疗的检查要点有哪些？ …………………………………………… 51

3.14　如何检查开夜床服务？ ……………………………………………… 51

3.15　如何检查洗衣服务？ ………………………………………………… 52

3.16　如何检查送餐服务？ ………………………………………………… 53

3.17　如何检查宴会服务？ ………………………………………………… 54

3.18　厨房应如何检查评分？ ……………………………………………… 55

3.19　如何把握功能照明、重点照明、氛围照明？ ……………………… 57

3.20　饭店电梯的检查要点有哪些？ ……………………………………… 58

3.21　商务中心的检查要点有哪些？ ……………………………………… 59

3.22　紧急出口、逃生通道的检查要点有哪些？ ………………………… 60

3.23　如何把握饭店配套设施不在主体建筑内又没有封闭
　　　通道相连？ …………………………………………………………… 61

3.24　如何把握先进的楼宇自动控制系统？ ……………………………… 62

3.25　如何把握信息管理系统的覆盖范围？ ……………………………… 62

3.26　如何把握装饰材料的档次？ ………………………………………… 63

3.27　如何把握家具的档次？ ……………………………………………… 64

3.28　如何把握灯具的档次？ ……………………………………………… 65

3.29　如何把握卫生间洁具的档次？ ……………………………………… 65

3.30　如何把握中心艺术品？ ……………………………………………… 66

3.31　如何把握"一键式"总控制开关？ ………………………………… 67

3.32 如何把握卫生间的水温、水压、水质？ ………………… 67

3.33 如何把握餐厅整体装饰设计？ ……………………………… 68

3.34 如何把握"贵宾休息室"？ …………………………………… 69

3.35 如何把握"品牌化、集团化程度"？ ……………………… 69

3.36 如何检查管理制度和规范？ ………………………………… 70

3.37 如何检查员工素养？ ………………………………………… 72

3.38 星评报告书填写和使用有哪些注意事项？ ……………… 73

3.39 星评员的工作纪律有哪些？ ………………………………… 74

3.40 省级星评委如何写推荐五星级饭店报告？ ……………… 75

3.41 省级星评委如何做好五星级饭店评定工作？ …………… 75

3.42 待评饭店如何迎检？ ………………………………………… 77

3.43 星评检查报告的主要内容有哪些？ ……………………… 77

3.44 如何开好"情况说明会"？ ………………………………… 78

3.45 如何开好"星评反馈会"？ ………………………………… 79

3.46 如何开展暗访检查？ ………………………………………… 80

3.47 暗访检查的重点有哪些？ …………………………………… 80

3.48 暗访检查报告的主要内容有哪些？ ……………………… 81

3.49 如何开展星级复核工作？ …………………………………… 81

3.50 如何处置复核不达标饭店？ ………………………………… 82

3.51 星级饭店如何填报统计报表？ ……………………………… 82

3.52 如何打击假冒星级？ ………………………………………… 83

3.53 星评工作出现争议怎么办？ ………………………………… 84

附 录 ……………………………………………………………………… 85

旅游饭店星级的划分与评定（GB/T 14308—2010） ……………… 85

《旅游饭店星级的划分与评定》（GB/T 14308—2010）实施办法 ……… 135

饭店节能减排100条 …………………………………………………… 149

中国饭店行业突发事件应急规范（试行） ………………………… 166

1

综 合 篇

1.1 饭店都可以参加星级评定吗?

2010 版国家标准《旅游饭店星级的划分与评定》对旅游饭店进行了定义,只要满足以下前提条件,即可参加星级评定(以下简称"星评")。

第一,住宿设施,即要有可供出租的客房。非以客房为主营业务的餐厅、会所等不能参加星评。

第二,有一定的配套服务,这是饭店与出租房产(公寓)的根本区别。

第三,以"间/夜"为时间单位计算房租,这是饭店产品的销售方式。

从定义看,"旅游饭店"几乎涵盖了所有的饭店业态,并不仅仅针对接待旅游者的饭店。简单说,所有以间/夜为单位出租客房,并提供配套服务的住宿设施均可申请。

1.2 星评能给饭店带来什么益处?

第一,从知名度来讲,星级称号是我国住宿业的国家品牌。早在 1988 年,国家旅游局就开始在旅游全行业推行饭店星级评定制度。经过 20 多年的持续、健康、快速发展,星级已成为服务业"质量"与"档次"的代名词,社会公众认可度很高。各行各业均模仿饭店星级体系建立了产品(服务)质量和档次分级体系。可以说饭店星级制度是各类等级体系的"开山鼻祖",是我国服务业的国家品牌。

第二，从产业素质来讲，无论从国际化程度，服务规范程度，还是产品质量稳定性方面而言，目前约1.5万家星级饭店均代表了我国住宿业各档次的最高水平。加入星级评定，饭店企业可以得到各级星评机构在设计指导、运营管理、保养维护、改造升级、培训等方面的专业建议，可以帮助饭店企业持续提升服务质量，加强市场宣传力度。

第三，从市场营销来讲，我国的星级体系为国内外旅行批发商、零售商，乃至普通消费者提供了统一而权威的饭店分级系统。加入星级，饭店企业可以迅速提高知名度，提高市场营销效率。

第四，从运营成本来讲，各地均出台了鼓励星级饭店发展的政策措施，帮助星级饭店企业降低运营成本。为贯彻落实国发〔2009〕41号文件精神，各省（区、市）将继续努力降低星级饭店水、电、气收费，享受与普通工业企业同等待遇。

另外，星级饭店还是各类金融机构投融资评定的优良资产，是国际和国内各级政府组织大型活动的首选。

1.3   如何申请星级评定?

"全国旅游饭店星级评定委员会"是我国星级饭店评定与管理的最高机构。各地政府旅游部门或旅游协会均主导设立了相应的旅游饭店星级评定机构。饭店企业如有星级评定需求，直接向当地旅游饭店星级评定机构提交申请即可。根据《星级标准实施办法》（详见附录），各级星评机构的分工如下：

（一）全国星评委

中国旅游协会设全国旅游星级饭店评定委员会（以下简称"全国星评委"），组织实施五星级饭店的评定和复核工作；授权并监管地方旅游饭店星级评定机构开展工作。全国星评委办公室设在中国旅游饭店业协会。

（二）省级星评委

各省、自治区、直辖市旅游局（委）或旅游协会设省级旅游星级饭店评定委员会（以下简称"省级星评委"），组织实施本省四星级饭店的星级评定和复核工作；向全国星评委推荐五星级饭店并严格把关。

(三) 地 (市) 星评委

副省级城市、地级市 (地区、州、盟) 旅游局 (委) 或协会设地 (市) 旅游星级饭店评定委员会 [以下简称 "地 (市) 星评委"], 组织实施本地区三星级及以下饭店的星级评定和复核工作; 向上一级星评机构推荐四星级饭店。

1.4 一星到五星分别代表什么档次的饭店?

星级标准中规定: 用星的数量表示旅游饭店的星级。一星级最低, 五星级最高。星级越高表示饭店的档次越高。一星到五星级饭店可用下面的表述简单归纳。

一星级: 适用型饭店

代表适合大众消费的最基本住宿设施。硬件和服务项目均不苛求, 重点是客房部分兼顾部分基础项目; 管理制度方面强调基础管理, 特别是卫生环境。这一星级的涉及面最广, 大量的招待所、社会旅馆都在星级标准的引导之列, 无须太多硬件投入, 只需规范管理, 安全、卫生达标即可申请评定一星级饭店。

二星级: 经济型饭店

代表大众经济型消费的住宿设施, 硬件有一定的要求但不苛求; 强调客房是主打产品, 兼顾了前厅、餐饮等部分基础设施的要求; 注重客人安全、卫生及便利性等基础管理。从目前市场上看, 大部分品牌连锁经济型饭店都可以申请评定二星级。

三星级: 中档饭店

代表档次适中、经营管理规范的饭店。强调规范、舒适; 突出主打产品客房的核心价值, 同时关注饭店的前厅、餐饮及公共区域等。标准强调的重点在基础设施、服务项目及基本服务。

四星级: 高档饭店

代表较高的硬件档次和全面服务的饭店。讲究档次, 强调饭店建设、管理、服务等方面的专业化水平。评定时全面考核饭店软、硬件的整体效果。

五星级: 豪华饭店

代表整体豪华和提供全面高级服务的饭店。注重设计、管理的专业性, 关注宾客的体验, 关注满意度和人才培养; 强调饭店硬件设施高档、专业、科技含量；强调饭店软硬件的整体效果，评定时特别注重企业文化、管理、服务内涵和品牌建设。

1.5 什么是星级标志？

星级标志由长城与五角星图案构成，用一颗五角星表示一星级，两颗五角星表示二星级，三颗五角星表示三星级，四颗五角星表示四星级，五颗五角星表示五星级，五颗白金五角星表示白金五星级。

星级标志已经在国家工商总局商标局注册为证明商标，其使用规则受《商标法》及其细则的约束，并遵循有关的规定。

已评定星级的饭店有权在其饭店的广告和各类宣传品上使用相应的星级标志，各级旅游饭店星级评定机构在印刷和出版星级饭店指南和联合推销时也将对饭店做相应的宣传和促销。使用星级标志的饭店有自觉遵守《旅游饭店星级的划分与评定》国家标准和维护星级标志严肃性的义务和责任，不允许做不符合事实的虚假宣传。对管理不善，服务水平低下，达不到相应星级标准的饭店，各级旅游饭店星级评定机构可根据权限作出相应处罚。具体管理和处罚办法参见《星级标准实施办法》。

饭店企业申请星级评定成功后，相关星评机构将向全国星评委上报备案一星至四星级饭店，申领并向通过评定的饭店颁发相应星级的证书和标志。五星级由全国星评委办公室颁发证书和标志。根据财政部相关文件规定，领取标志牌时，企业需要支付相应标志牌制作工本费，具体标准为：一星级、二星级、三星级标牌，930元/块，四星级、五星级标牌1080元/块。标志牌的所有权属于相应星级评定机构，饭店企业只享有标志牌使用权，期限为3年。期满后，饭店企业经重新评定合格后方可继续使用标志牌。

1.6 为何要对2003版星级标准进行修订？

从1988年开始，我国旅游饭店业实施星级评定制度已走过22年的历程。星级评定工作的依据是国家标准《旅游饭店星级的划分与评定》。在星级标准的规范和引导下，我国旅游饭店业已发展成为市场化程度高、业态丰富多元、设施设备齐全、运营服务规范、社会认知度较高的现代服务业的典型代表。"星级"在全社会已成为质量和档次的象征。

星级标准颁布实施至今,经历了1993年、1997年、2003年三次修订。近年来,旅游饭店市场需求不断变化,行业多元化发展及转型升级的进一步深入,对星级标准提出了新的修订要求。

(一)旅游饭店业转型升级,提升产业素质的需要

旅游饭店业是我国旅游产业的核心要素。2009年的统计数据显示:星级饭店占全国旅游企业总数的28%、总固定资产的53%,创造了营业总收入的40%,吸纳了旅游就业的61%,贡献了营业税的72%。旅游饭店业的素质提升关乎旅游产业整体竞争力,关乎旅游行业整体满意度。

2009年年底,《国务院关于加快发展旅游业的意见》(国发〔2009〕41号)正式发布,标志着包括旅游饭店业在内的旅游业开始进入了国家战略体系。全国人大财经委已启动《旅游法》的立法工作,饭店业的相关内容已纳入立法范畴。我国旅游饭店业即将迎来新一轮的黄金发展期,为实现"把旅游业培育为国民经济战略性支柱产业和人民群众更加满意的现代服务业"的战略目标,旅游饭店业必须以科学发展观为指导,以标准化建设为抓手,推进旅游饭店业转型升级,星级标准的修订工作则是其中非常重要的环节。

(二)产业规模不断壮大,业态发展日益多元

"十一五"期间,星级饭店数量稳步增长,年均增长率为5.5%;星级饭店客房数量年均增长率为6.3%。截至2010年年底,全国共有14680家星级饭店,其中五星级饭店592家,四星级饭店2214家,三星级饭店6399家,二星级饭店5121家,一星级饭店354家。此外,中国目前还拥有超过30万家,包括商务型饭店、乡村酒店、接待中心、公寓酒店、社会旅馆等在内的服务于旅游市场的其他住宿设施。

随着我国旅游市场的多元化发展,旅游饭店也呈现出多种业态并存发展的趋势。城市商务型饭店继续保持良好的发展势头。随着会展经济的蓬勃发展,专业的会议型饭店开始在大中城市快速发展;随着居民消费结构的升级和国民休闲计划的提出,度假型饭店逐渐增多,青年旅馆、乡村酒店、汽车旅馆等饭店新业态不断出现。面对庞大的产业规模和多种业态,要求星级标准具有更强的适应性和引领性。

（三）星级饭店的质量呈现出一定的地区差异性，已经影响到社会及消费者对饭店星级的认知

星级标准是全国统一的国家标准，但由于标准执行机构广泛，客观因素影响多，个别条款操作性不够强等因素，导致标准在执行过程中存在不一致的情况，同一星级的饭店在不同区域、不同城市，甚至同一城市的市区和郊区之间，其设施设备与服务质量有较大差距。这既影响了消费者对星级饭店的认知度，也降低了星级标准的严肃性，影响了星级标准的美誉度。这种差距如果不采取措施加以缩小，对星级标准的进一步推广以及星级饭店的发展都将是严峻的挑战。因此，增强星级标准的操作性和一致性，势在必行。

（四）星级饭店总体结构不合理，中低星级饭店面临重新定位

近年来，我国旅游星级饭店数量增长很快，但是不同星级的发展不平衡，即高星级饭店增长快，低星级饭店增长慢。大多数中低星级饭店缺乏投入，陷入低质量、低价格的恶性循环，导致在消费者当中的认知度持续下降，市场表现欠佳。

中低星级饭店作为大众旅游住宿市场的主体，其数量和质量关乎我国旅游饭店业的整体素质。中低星级饭店持续健康有序地发展，也是适应我国旅游大众化发展的必然要求。因此，有必要调整星级标准，引导中低星级饭店根据市场需求重新定位，走差异化发展道路，提高核心产品竞争力。

（五）建设"环境友好型、资源节约型社会"对旅游饭店节能减排、绿色环保工作提出更高要求

《国务院关于加快发展旅游业的意见》明确提出：五年内将星级饭店用水用电量降低20%。饭店业是一个与环境密切相关的行业，不少星级饭店作为大型公共建筑，是各地能源消耗的重点领域之一。据测算，全国1.4万余家星级饭店全年用电174亿度，相当于浙江新安江水电站（中型水电站）9年的发电量；全年用水9.2亿吨，相当于国内42个小城市（20万人口）一年的综合生活用水量。五星级饭店每平方米建筑面积综合能耗平均值为60.87千克标准煤。

2003版星级标准对绿色环保方面有一定的要求，但距离国务院节能减排的总体目标尚有差距。星级标准修订响应了时代要求，重点体现了可持续发展的理念，将节能减排、绿色环保的要求落到相关条款。

(六) 各类突发事件的增多对星级饭店应急管理提出更高要求

没有安全就没有旅游，星级饭店是旅游者和本地居民密集流动的公众场所，突发事件的发生将对宾客的人身、财产、健康等构成重大威胁。随着国际国内形势的变化，人为的或自然的突发事件逐渐增多，旅游饭店在正常提供服务的情况下，如何加强应急管理，成功应对突发事件成为需要全行业共同面对的重大课题。这也对星级饭店提出了新的要求。

从以上背景可以看出我国旅游饭店业在即将进入新一轮黄金发展期的同时，也将进入各种新旧矛盾的凸显期。因此修订星级标准，推动饭店品质提升工作，丰富与完善"星级饭店"这一国家品牌的内涵，确保星级饭店持续健康发展，势在必行。

1.7 新版星级标准的主要特点是什么？

新版标准由四部分组成：前言、必备项目检查表（附录 A）、设施设备评分表（附录 B）、饭店运营质量评价表（附录 C，以下简称"软件表"）。主要特点可以归纳为"六个强调"。

(一) 强调必备项目

必备项目对饭店硬件设施和服务项目提出的要求，是各星级所必须达到的基础条件，也是判断饭店各星级的根本依据。必备项目可以形容为各星级饭店的"DNA"，相应星级的各个必备项目在星评时必须逐项达到，缺一不可。

为克服 2003 版标准过于强调"硬件"打分，忽视必备项目重要性的倾向，新标准突出强调必备项目的严肃性和不可缺失性，标准将必备项目制作成检查表的形式，逐项打"√"，检查全部达标后，再进入后续评分程序。任意一条必备项目在星级评定中均具有"一条否决"的效力。

(二) 强调核心产品

星级标准是旅游住宿设施的评价标准，评价的中心和重点均应是住宿设施。按照饭店提供服务产品种类的多少，2010 版标准在前言中明确将一、二、三星级饭店定位为有限服务（Limited Service）饭店，强调住宿核心产品，适当减少配套设施要求。同时，继续坚持四、五星级各项饭店产品的完整性，强调饭店全面价值的实现，评定星级时注重饭店"硬件"与"软件"的全面评价，保证高星级饭店产品的高品质。

同时，2010 版标准将客房作为饭店的核心产品，舒适度是客房产品的核心。在硬件表的分值设置上，客房部分 191 分，占总分 600 分的 31.8%。客房舒适度的分值为 35 分，占舒适度总分值的 71.4%，远远高于 2003 版标准的 38.5%。客房舒适度涵盖了布草规格、床垫枕头、温度湿度、隔音遮光、照明效果、方便使用、和谐匹配、音画良好等 8 个方面，全面保证了宾客在客房内的触觉、听觉、视觉等多种感官的舒适度要求。

（三）强调绿色环保

节能减排是国家战略，星级饭店责无旁贷。2010 版星级标准强调节能减排、绿色环保和可持续发展，主要体现在三个方面：

一是在必备项目中原则提出："一至五星级饭店均要求制订与本星级相适应的节能减排方案并付诸实施。"

二是在硬件表中增设一节 2.7 "节能措施与环境管理"。包括建筑节能设计、新能源的设计与运用，采用环保设备和用品，采用节能产品，采取节能及环境保护的有效措施，中水处理系统，污水、废气处理设施，垃圾房等项目，并赋予较高分值，为 14 分。在客房必备品中取消了对牙膏、牙刷、拖鞋、沐浴液等"六小件"等低值易耗品的硬性要求，各星级饭店可根据客源实际，灵活选择是否在客房放置"六小件"等。

三是在软件表中要求"饭店建立能源管理与考核制度，并有档案可查"。

（四）强调应急管理

为增强星级饭店突发事件应急处置能力，2010 版标准突出强化了饭店应急管理方面的要求。

在必备项目中对一至五星级饭店均要求制订火灾等 5 类突发事件处置的应急预案，三星级（含）以上饭店还要求有年度实施计划，并定期演练。在运营质量评价中也有相关要求。评定检查时，检查员将详细翻阅各类预案文本和定期演练报告及影像等原始记录。

"食品安全"是新版标准新增的一项内容。四星级的必备项目中要求：应有食品留样送检机制；五星级的必备项目中要求：应有食品化验室或留样送检机制。硬件表里也设置了相应的分值。

（五）强调软件可量

2010版标准吸取行业标准《星级饭店访查规范》中对饭店服务产品进行程序化、流程化要求的理念，对"软件"评价作了较大调整，并将服务质量、清洁卫生、维护保养等内容统一到运营质量评价表中，增强了"软件"评价的客观性和可操作性。

2010版标准的软件表将前厅、客房、餐饮等主要的饭店服务项目分为若干道流程，进而对每个流程中又细分为若干个动作。按项目→流程→动作来设计评价过程，将检查人员的注意力集中到服务人员的具体动作上，而不是单纯考量最终的服务效果，从而比较直观便于操作，减少了主观性。

同时，饭店企业可以直接对照检查表，建立完善饭店日常服务质量检查体系，这样也更有利于标准的理解和实施。

（六）强调特色经营

为适应旅游饭店行业多业态发展的趋势，2010版标准在保证饭店基本条件达标的基础上，着力引导星级饭店特色化、差异化经营。

比如，在设施设备评分表中将分属商务会议和休闲度假这两类饭店的主要硬件设施进行集中"打包"，引导企业集中选项、突出经营定位。商务会议类设施包括行政楼层、大宴会厅或多功能厅、会议厅、展览厅、商务中心等；度假饭店设施包括温泉浴场、海滨浴场、滑雪场、高尔夫球场、风味餐厅、游泳池、各类休闲运动设施等。并对在商务会议、度假特色类别中集中选项，得分率超过70%的饭店，给予一定的分值优惠。

对于少数极具特色，但配套设施未达到星级标准要求的精品饭店，为鼓励其市场引领作用，新标准设置"例外条款"，规定：对于以住宿为主营业务，建筑与装修风格独特，拥有独特客户群体，管理和服务特色鲜明，且业内知名度较高饭店的星级评定，可参照五星级的要求。

特别需要说明的是：新标准实施后，这一例外条款的掌握将是极其严格的。只有极少数的饭店由其直接向全国星评委申评五星级。具体的评价标准和检查办法将由全国星评委另行制定。

1.8 国家标准、行业标准、地方标准、企业标准之间是什么关系？

近年来，标准化工作的重要性已被各界公认，并且已上升为国家战略。一个产业标准化工作水平的高低，关乎人民群众满意度，关乎企业国际竞争力，关乎行业发展素质，关乎产业国际话语权。

经过 20 多年的努力，住宿业已经形成了以星级饭店国家标准为总纲、专项行业标准为细化，各级地方标准为补充、饭店企业标准为基础的标准化管理和工作体系。国家标准、行业标准、地方标准、企业标准均是旅游标准化体系的有机组成部分。

新版星级饭店国家标准中多次引用了《绿色旅游饭店》、《星级饭店访查规范》等行业标准的内容。不能简单理解成这些行业标准是国家标准的前置标准，评定星级要先进行这些行业标准的达标评定。

国家标准《旅游饭店星级的划分与评定》是总纲，《绿色旅游饭店》、《星级饭店访查规范》等行业标准是国家标准在环境管理、服务管理等方面要求的具体展开，是星级饭店标准体系的重要组成部分。在这次修订中，吸收了《绿色旅游饭店》、《星级饭店访查规范》这两个行业标准的核心内容，增强了操作性，因此相关内容只要符合国家标准要求就可以。当然，我们鼓励饭店企业评定星级后，对照《绿色旅游饭店》进行绿色旅游饭店的创建；对照《星级饭店访查规范》完善企业操作标准，全面提升服务流程管理水平。我们也鼓励各地区根据本地实际，制定符合行业发展方向的住宿业地方标准，完善标准化体系。

2 标 准 篇

2.1　什么是有限服务饭店?

有限服务饭店是指以适合大众消费,突出住宿核心产品,为客人提供基本的专业服务的饭店。通常具有以下几个特点:

第一,产品方面:强调社会化与专业化的有限服务,突出"小而专",客房是其经营的重点,卫生、安全、方便是服务的基本要求。

第二,市场方面:适合价格敏感型消费群体,市场规模大,客源稳定。

第三,内部组织结构方面:讲究高效的机构设置,注重"一人多能"的岗位职责。

第四,设备配置与维修保养方面:强调"必要硬件配置",重视简单实用与低成本运行。

星级评定时,一星级、二星级、三星级饭店应属于有限服务型饭店,强调住宿核心功能,评定星级时应注重对饭店核心产品的评价。

2.2　什么是完全服务型饭店?

完全服务型饭店是指以齐全的饭店功能和设施为基础,为客人提供全方位优质周到服务的饭店。通常具有以下几个特点:

第一,注重服务功能的完善,除客房、餐饮等核心产品外,强调围绕核心产品提供能满足客人需要的配套设施,以适应不同客人的不同需求。

第二，注重服务的响应性和及时性，饭店在注重基本服务的同时，普遍关注对客人的附加服务，以满足客人深层次需求，达到并努力超越宾客期望。

第三，注重管理的专业性、规范化和标准化，建立服务质量持续改进机制。

评定星级时，四星级和五星级（含白金五星级）饭店应作为完全服务型饭店，强调饭店服务产品的体系化，注重对饭店硬件和软件的全面评价。

2.3 突发事件应急预案的主要内容是什么？

首先要了解饭店主要突发事件的类型，一般来讲有五种。

第一是火灾；

第二是自然灾害，如地震、海啸等；

第三是饭店建筑和设备设施事故，如电梯困人、突然停电等；

第四是公共卫生和伤亡事件，SARS、禽流感、反式脂肪酸等；

第五是社会治安事件，凶杀、自杀、偷盗、抢劫、打架斗殴、恐怖威胁等。

检查时，一星级、二星级主要看火灾应急预案情况，三星级以上饭店则要全面检查各类突发事件应急预案及演练记录。应急预案应属于饭店标准作业程序（SOP）的组成部分，一份规范的应急预案应包括：

第一，各部门职责分配，注意分工明确，责任到人。

第二，应急资源的管理，注意设备、设施、物品、经费、人员的配置和维护。

第三，善后措施，应有危机档案、消除影响的公关安排。

应急预案的主要内容和要求参见附录：《中国饭店行业突发事件应急规范（试行）》。

2.4 什么是标准的"例外条款"？

星级标准的"例外条款"指的是正文第十条：对于以住宿为主营业务，建筑与装修风格独特，拥有独特客户群体，管理和服务特色鲜明，且业内知名度较高饭店的星级评定，可参照五星级的要求。

这一条款为少数精品饭店参与五星级评定开辟了通道。具体可作如下解读：

第一，以住宿为主营业务。

非以客房为主营业务的餐厅、会所不适用该条款。

第二，建筑与装修风格独特。

对于历史建筑，建筑和装修应保留特定历史时期的典型特征。对于现代建筑，建筑和装修应有鲜明的地域文化或艺术流派特征。

第三，拥有独特客户群体。

此类饭店对应的是"小众市场"，不求"大而全"，专做"小而精"，产品定位在高端、小众。这一拨"小众"一定是高消费的，但不见得所有高消费客户均能成为这类饭店的潜在客户。

第四，管理和服务特色鲜明。

此类饭店要具备独特的，难以复制的饭店产品。既可以是某种"此地，此景"怀旧风尚的集中再现，亦可为当今尖端科技在饭店业的独特应用。饭店服务是在保证高标准、高品质基础上的个性化、定制化、精细化。

第五，业内知名度较高。

知名度是一个相对概念。既然定位在小众市场，此类饭店就不应该追求广泛意义上的知名度和影响力。业内知名度是"三个认可"的概括，即市场认可、同行认可和相关管理部门认可。市场认可是指在特定的客户群体中知名度较高，这些客户愿意为入住此类饭店支付高于市场平均水平的房价；同行认可是指饭店同业普遍认为该类饭店在产品特色、市场表现、经营管理等方面均处于业内先进地位；相关管理部门认可是指政府部门认为该类饭店代表某一地区饭店业的最高水平，引领区域内饭店业的发展，也可以作为一项重要旅游吸引物来提升旅游目的地形象。

新版标准实施后，这一例外条款的掌握将是极其严格的。只有极少数的饭店可以通过这一条款拿到五星级，对其评价的方式，包括检查人员的组成也将是独特的。具体评定方法将由全国星评委另行制定。

有几点需要特别说明：

第一，该条款只适用于尚未全部满足五星级必备条款要求的少数精品饭店，如精品饭店可以完全满足五星级的必备条款要求，建议该饭店按照常规程序申请星评。

第二，该项条款并不是评定星级的"绿色通道"。绝大部分饭店不适用该项条款，对于必备项目未能达标的待评饭店，不能寄希望于通过这一条款申请评定。

第三，该项条款只对精品饭店评定五星级适用，不允许饭店通过应用该项条款评定四星级或更低星级。

2.5 什么是"白金五星级"饭店？

首先要明确，星级体系仍然是 5 个星级。白金五星级包含在五星级的概念中，并不等同于业内传闻的六星级。

白金五星级是 2003 版星级标准的亮点之一。全国星评委在 2006～2007 年进行了白金五星级饭店的创建试点工作。通过试点，相关饭店企业的服务质量和竞争能力得到了提升，我们也在全方位评价豪华饭店方面积累了大量的宝贵经验。

鉴于白金五星级饭店的评价方法和体系还需进一步完善，在此次标准修订中，只保留白金五星级的概念，其具体标准与评定办法将择机另行制定。

目前，我国的白金五星级饭店只有北京中国大饭店、上海波特曼丽嘉酒店、广州花园酒店三家。新版标准实施后，暂不受理白金五星级饭店的评定申请。

2.6 前厅区域功能布局的基本要求有哪些？

2.6.1 位置恰当（1 分）

前厅是客人进出饭店的集散地，是饭店业务活动的枢纽，其范围应包括饭店前厅出入口、前台、宾客休息区、行李房、贵重物品保险箱及通往客房的电梯或走廊出入口。前厅功能区域与饭店其他功能区域不应出现交叉。

饭店大门应设置在前厅的中间位置，团队入口门不宜与正门距离过近。

贵重物品保险箱应设总服务台附近。位置隐蔽，分设两个门，工作人员和客人分别进出。

其中一项缺失或位置不恰当即可扣除此 1 分。

2.6.2 分隔合理（1 分）

前厅空间分隔的目的是做到客人流线、服务流线和物品流线互不交叉干扰。如出现"三流"交叉的情况，即可认为是分隔不合理。

2.6.3　方便客人使用（1分）

前厅通往饭店其他区域的导向标识清晰；

公用电话应避开客人主流线，同时也不可靠近总服务台、客人休息区，符合安静与私密的需求；

公共卫生间应与前厅在同一楼层。

缺失一项即可扣除此1分。

2.7　餐饮区域功能布局的基本要求有哪些?

2.7.1　位置恰当（1分）

所有餐厅可由公共区域直接到达。如出现某餐厅需要穿越其他功能区域（如客房区、康体区等）才能到达的情况，扣除此1分。

2.7.2　分隔合理（1分）

中餐厅应有分区设计，区分散座与包间区域；

餐厅与厨房应在同一楼层，传菜与收残线路不与非餐饮区交叉。

缺失一项扣除此1分。

2.7.3　方便宾客使用（1分）

餐饮区域导向标识设置规范、清晰可见。

餐厅规模与星级相适应（餐厅规模指包括宴会厅、多功能厅等在内的各类餐饮场所提供的餐位数）。原则上，商务会议型饭店按每间客房1～1.5的比例，度假型饭店按1.5～2的比例配备餐座。酒吧、咖啡厅按每间客房0.25～0.5配备餐座。

平均每个餐座实用面积达到1.2～1.8平方米，服务通道不小于0.9米。

缺失一项扣除此1分。

2.8　客房区域功能布局的基本要求有哪些?

2.8.1　位置恰当（1分）

电梯应设置在客房楼层的中央位置，以缩短到最远端客房的距离；客房区域不与其他功能区域在同一楼层（如同一楼层既有客房又有写字间）。缺失一项扣除此 1 分。

2.8.2　分隔合理（1分）

客房区域应尽量远离高噪声、高热量、高排放设施，并设有效分隔措施。如客房邻近歌舞厅、保龄球场、洗衣房、空调机房、电梯机房等设备设施，扣除此 1 分。

2.8.3　方便使用（1分）

客房区域导向标识设置规范、清晰可见。

客房区域相对集中，且与其他非饭店功能设施相对隔离（如同一建筑内有写字楼部分，则客房出入口应与写字楼出入口隔离，宜设置直达客房楼层的专用电梯）。以上缺失一项扣除此 1 分。

如出现新楼与老楼（A 楼与 B 楼）间客房需在大堂或其他公共区域转换才能到达，应扣除此 1 分。

2.9　康体区域功能布局的基本要求有哪些?

2.9.1　位置恰当（1分）

康体设施相对集中设置；不与客房设置在同一楼层；进出线路不与客房线路交叉。以上缺失一项扣除此 1 分。

2.9.2　分隔合理（1分）

歌舞厅、KTV 房与饭店其他设施有隔离措施，隔音效果好；健身房、游泳池等内部分隔位置合理；如在前厅、客房区域明显听到歌舞厅、KTV 噪声，扣除此 1 分。

2.9.3　方便宾客使用（1分）

康体区域导向标识设置规范、清晰可见；通道保持畅通；出入口处及关键位置警示说明清晰；消防设备配置齐全。以上缺失一项扣除此 1 分。

2.10　什么是饭店建筑物外观和建筑结构的"豪华饭店品质"?

五星级必备项目第一条："建筑物外观和建筑结构应具有鲜明的豪华饭店品质。"

五星级饭店的建筑外观和结构应明显有别于一般的住宅及商业建筑。豪华饭店品质是要求五星级饭店应该在建筑造型、空间布局、流线设计、设施设备布置、饭店专业设计等方面所体现出的科学性、功能性与完整性，以及饭店建筑整体所呈现出的特色与吸引力。

饭店建筑是消费者饭店感知系统中最为直观、最先出现的实体。饭店建筑体现了饭店的尊严、文化内涵和个性特质。五星级饭店的建筑设计既要去寻找、选择、汇集那些和社会文化内涵一致的、约定俗成的建筑符号，又要注意从传统建筑中提取符号作为媒介，进行变形、分裂，融合到新的建筑中，从而赋予传统符号新的意义，适应人们审美意识的发展与变化，形成特色鲜明、时尚新潮的饭店建筑造型。

不同时期的建筑思潮和审美意识影响着饭店建筑形态，或简洁流畅，或精致细腻，或变形夸张，或古朴典雅，或以时尚新潮为目标，或以历史文脉和乡土风味做构思，凡此种种，都以丰富的建筑形式和空间语汇充实了饭店空间设计的内涵，对饭店的发展产生深远的影响。然而，不论采用什么方法，属于哪种流派，在五星级饭店空间设计中，意境的创造是豪华饭店品质的最高诠释，它不仅使人从中得到美的感受，还能以此作为文化载体，表现更深层次的环境内涵，给人以联想和启迪。

2.11 怎样做到饭店整体氛围协调？

五星级饭店必备项目第二条：内外装修应采取高档材料，符合环保要求，工艺精致，整体氛围协调，风格突出。

整体氛围协调是对五星级饭店装修效果的基本要求，视觉、听觉、嗅觉等多种感官的专业设计是整体氛围营造的前提和保障。主要注意以下几个方面：

（一）功能的效果

功能是饭店的第一要务，饭店由不同的功能区组合而成。宾客在饭店各功能区中活动，其活动规律、消费需求、心理特征都有所不同。装修装饰首先要注意不能破坏或干扰饭店空间区域正常发挥其应有的饭店功能。如不能满足饭店功能，装修材质再高档，设计再新颖，工艺再精致，都是徒劳。

（二）色彩的应用

在饭店装饰中科学、艺术地运用色彩，表达特定的情感元素，营造浓郁的饭店氛围，可以刺激消费者的心理感受和提升消费体验。饭店前厅一般主色调宜采用浅暖色调，以较深的近似色的艺术品和家具点缀，形成高雅、明亮、宽敞、富丽，且温馨、舒畅的气氛。前厅色彩不宜过于零碎和多样，也不宜采用过多的金属色。客房，色彩应以浅暖色调或中性色调为主，局部地方使用反差明显的装饰品点缀，形成宁静、温馨、舒适，且有生机的氛围。客房墙面应选用不带金属色的墙纸。中餐厅应以明亮的浅暖色调为主，家具采用较深的红色或近似色调，形成喜庆洋溢的氛围；西餐厅多用中性色，营造宁静、平和、明朗的气氛。在整体色调建立的基础上，还需要注意平衡配色、统调配色、配色分割等问题。基本方法有：

a. 颜色选择顺序由大面积开始。大面积色彩的选色习惯为：明度为上明下暗；彩度为上淡下鲜。

b. 颜色的种类不宜过多，鲜艳色彩不宜大面积使用，各种色彩搭配应有色差及明暗浓淡变化。

c. 发挥创造性，依据主题，打破常规，开创个性色彩设计。

（三）灯光的应用

灯光的有效运用是创造环境空间"意境"、营造饭店氛围的有效途径。光的抑扬、虚实、隐现、动静、控制光的投射范围等，可以强化色彩空间的序列层次，增强色彩空间环境的方向性，形成视觉中心，强化色彩整体氛围。因此在饭店色彩环境建设中，必须同时考虑光的使用与配合。通过色彩与光交融，以动态调和原则营造出各种不同的意境空间感受，丰富环境的层次。

2.12　如何设置饭店导向系统？

饭店导向系统应根据饭店建筑物分布、服务功能区域划分和宾客流向特点进行设计。重点关注：宾客到达导向系统，服务功能导向系统，宾客离开导向系统。

总体上，信息板、标志牌、公共信息图形符号等导向要素的设计应与饭店的建筑、装饰风格相协调。

多体建筑饭店的所有独立建筑物均应进行编号或命名，并设置相应的标志。

对于三星级以上饭店，导向系统的文字应同时使用中文和英文。

对于五星级饭店，大宴会厅、会议厅、餐厅、宴会包间宜专门命名，而不是简单用"VIP1"、"VIP2"、"中餐厅"、"西餐厅"表示。一方面是导向系统的需要，另一方面可以凸显豪华饭店的文化品位。

公共信息图形符号是饭店导向系统的重要组成部分。导向系统应建立在规范的公用信息图形符号的基础之上。饭店使用的导向图形应符合 GB/T 1001.1、GB/T 1001.2、GB/T 1001.4、GB/T 1001.9 的要求。

需要特别说明的是：除消防设施外，饭店可以自行确定应用公共信息图形符号的范围，并非所有的导向要素上都需要应用公共信息图形符号（如客房楼层的标志牌通常写明房间号码即可），但如需使用图形符号则必须要符合上述国家标准的要求。例如，用"烟斗"的图案表示男用卫生间，用"高跟鞋"的图案表示女用卫生间，这种情况在星级标准中是不允许的。

饭店导向系统的设置，具体可参照国家标准《公共信息导向系统——设置原则与要求第 8 部分：宾馆和饭店》（GB/T 15566.8—2007）。

2.13　什么叫第二种文字？

星级标准在必备项目中对一星级和二星级均要求"各种指示用和服务用文字应至少用规范的中文及第二种文字同时表示"。

第二种文字是指饭店在中文之外，根据客源市场定位所采用的其他文字，包括外文、民族文字等。举例来说，对于新疆地区，可采用维吾尔文作为第二种文字。这里没有要求一、二星级饭店用英文就是考虑到我国地域辽阔和民族地区语言使用的习惯。

对于三星级以上饭店，考虑到接待国际旅客的需要，标准则在必备项目中要求"各种指示用和服务用文字应至少用规范的中英文同时表示"。

这里还要注意标准中的"至少"两字，就是说中文和第二种文字（一星级、二星级）或中文和英文（三星级以上）是必需的，在此基础上饭店可以依据客源市场的具体情况应用其他文字。

2.14　设置客房背景音乐有哪几种方式？

星级标准五星级的必备项目 3.9 要求：应有背景音乐，音质良好、曲目适宜、音量可调。

背景音乐是高品质饭店十分重要的声环境因素，在饭店不同功能区有其特殊的功能与作用。星级体系中，只有五星级将客房背景音乐作为必备条件提出，目的是拉开档次，提升五星级饭店客房舒适度。设置客房背景音乐时，以下三种设置方式任选其一即可：

第一，与饭店公共音响系统相连接，在客房设置播音器与控制开关。

第二，客房电视机预设两个或多个专用音乐频道。交互式电视机是未来客房电视机发展的趋势。宾客通过客房电视不仅可以自由选择多种音乐，还可以获取各种实用信息，如账单信息、航班信息、天气信息、旅游信息等。

第三，在客房配置音乐播放器与音乐碟片。如配置类似苹果公司 ipod dock 播放器，可不另配音乐碟片。

2.15　饭店节能减排方案有哪些主要内容？

星级标准的必备项目对一至五星级饭店均要求：应有与本星级相适应的节能减排方案并付诸实施。

节能减排、绿色环保是星级饭店的社会责任，也是新版标准重点突出强调的内容。星级饭店节能减排方案主要有如下内容：

第一，饭店管理层应建立节能减排领导小组，面向全体员工定期开展节能培训。

第二，建立系统的设施设备分类台账，分区计量能耗，全面了解现有设施设备的性能、运行和能耗情况。

第三，因地制宜，结合自身条件，选择技术可行、投资合理、见效快的项目对硬件设施进行必要的改造。

第四，积极关注节能新科技、新技术的发展，采取合同能源管理的方式引进节能设备和技术。

第五，鼓励全员参与，重视小革新、小改造的作用。

第六，实施宾客绿色消费奖励措施。

饭店节能减排的具体内容请参考附录：《饭店节能减排 100 条》。

2.16　如何区分花园与庭院?

星级标准在硬件表中对花园和庭院赋予不同的分值。星评过程中对花园和庭院的区分,可以从以下几个方面把握。

第一,独立性和附属性。花园应独立于饭店建筑主体与车道。庭院则附属于饭店建筑主体,车道穿过的绿地只能认为是庭院。

第二,空间大与小。花园的占地面积应不小于饭店建筑群基底面积(基底面积是指饭店建筑的平面投影面积)。庭院的占地面积较为灵活,因地制宜设置的有一定游憩功能的绿化场地即可认为是庭院。

2.17　应急照明设施和应急供电系统的区别?

星级标准必备项目中对三星级以上(含)饭店均要求"应有应急照明设施和应急供电系统"。

应急照明设施的电源是由应急供电系统提供,两者相辅相成,缺一不可,共同构成饭店在正常电路故障时的应急保障。

应急照明分为备用照明、安全照明和疏散照明三种类型。(三种类型均要求具备)

饭店备用照明是指当正常照明因故障熄灭后,为保证饭店经营而设置的必要照明或在发生火灾时为保证消防工作正常进行而设置的照明。

饭店安全照明是指在正常照明发生故障时,为确保饭店各个区域的人员安全而设置的照明。

饭店疏散照明是指当正常照明因故障熄灭后,为避免意外事故的发生,对饭店内人员进行及时安全疏散,在饭店所有出口、通道等处设置的指示出口位置及方向的疏散标志灯及疏散通道照明。

应急供电系统是区别于正常照明电源的独立电源系统。通常有如下三种设置方式:(三种方式任选其一即可)

第一,两路供电。

这种结线方式是指两路高压分别来自于两个不同的变电站(所),当一路高压电源发生故障断电时，通过高压联络柜切换，由另一路高压电源承担全部负荷。

第二，自备发电机。

自备发电设施是指饭店为确保饭店用电的完全性、连续性所配置的自备柴油发电机组，通常由 1～2 台同一型号、同一容量的成套机组设备组成。机房一般设在变配电设施的附近，总容量一般不低于变压器总容量的 10%～20%，配出电压为 0.4kV/0.23kV，可供动力及照明电。具备自启动装置，与供电系统连锁，当正常供电系统断电时，发电机组应在 10 秒内启动，并在 40 秒内达到额定电压值。当正常供电系统恢复供电后，发电机组应持续运行 40 秒，待确认供电系统正常后方能停机。

第三，蓄电池组。

包括集中或分区集中设置的，或灯具自带的蓄电池组。

这里要说明的是硬件表中自备发电设施（2.5.1）在概念上应属于应急供电系统（2.5.2），只是硬件表在打分时将两者区分开，鼓励饭店配置自备发电机，有自备发电机的饭店可以另外多拿到 3 分，没有自备发电机的饭店则必须要具备两路供电。

2.18 什么是饭店专用电话机?

星级标准必备项目中对四星级、五星级饭店要求"客房内应有饭店专用电话机"。

饭店专用电话机是指根据饭店使用需求而设计的、具有特定服务功能与多组快捷拨打按键的专用电话机。应具备以下三个基本条件：

第一，特制面板：印制饭店店徽、常用电话号码、使用说明和一键通标志。

第二，一键通速拨功能：饭店常用服务项目采用一键通呼叫方式。

第三，留言与语音信箱功能：可根据留言指示灯提示，提取语音信息。

随着信息技术的发展，客房电话机的功能越来越丰富，有向交互式终端机发展的趋势。目的地信息、满意度调查、电话黄页等信息均可在客房电话屏幕上显示。

2.19　如何认识饭店的咖啡厅?

星级标准必备项目中对四星级、五星级均要求具备咖啡厅。标准释义将咖啡厅定义为:是餐厅的一种类型,以提供中西结合式自助餐为主要服务内容,也提供咖啡、饮料、酒水等服务。

目前,业内对咖啡厅的认识上存在如下误区。

误区一:咖啡厅就是西餐厅

从概念上说,咖啡厅属于全日餐厅(All Day Dining)的概念。虽然有时也可提供西式正餐,但其核心功能是提供自助餐,追求方便、快捷和舒适。西餐厅则属于精致餐厅(Fine Dining)的概念。以西式正餐为主要经营内容,追求正宗、奢华和格调。

营业时间上,咖啡厅早中晚餐均应营业,是饭店中持续营业时间最长的一个餐厅,五星级要求咖啡厅营业时间不少于 18 小时。而西餐厅通常只经营中餐和晚餐,甚至可以允许西餐厅只经营晚餐。

餐食品种上,咖啡厅注重丰富多样,通常有环球美食和当地特色。西餐厅讲究精挑细选,口味醇正。

设施设备上,专业设计的咖啡厅应有固定的自助餐台(四星级可要求相对固定,五星级要求有专业设计的固定自助餐台)。西餐厅讲究餐具的奢华和搭配,银质刀叉和水晶酒杯是比较有代表性的西餐厅餐具配置。

误区二:咖啡厅不必提供餐食

有些饭店仅仅从字面上理解"咖啡厅",认为"咖啡厅"就是宾客喝咖啡的地方,不必提供餐食。于是星评的时候就指着"大堂吧"说这就是本店的"咖啡厅"。实际上,这一误解从"咖啡厅"的定义中就能得到消除。咖啡厅是要提供大量餐食的餐厅,大多数情况下,咖啡厅应是全饭店上座率最高的餐厅。因此,需要配置一个专用厨房为咖啡厅供应餐食,而且要注意规模适宜、布局合理、设施齐全。

误区三:自助餐不必提供服务

有些饭店仅仅从字面上理解"自助餐",认为既然是宾客自助了,就可少配置服务人员。于是刀叉和筷子堆在盘子上供客人"自助"，咖啡和茶水放在大水壶中供客人"自助"。自助餐厅的服务项目相对精致餐厅要少些，但引领就座、斟茶或咖啡、换撤脏碟、清理台面、重新摆台等服务还是必不可少的。

2.20　康体设施为何要大幅度降低分值？

对于附录 B 中康体类设施，与 2003 版标准相比，2010 版星级标准大幅度降低了康体类设施的分值。如游泳池从 17 分降为 10 分；高尔夫球场从 20 分降为 5 分等。这样的调整是基于下述原因：

（一）星级标准评价的重点是住宿设施，康体设施只是住宿设施的附属

有人可能会认为：配套设施的分值应该与该项目的投资额度成比例。一个高尔夫球场投资几千万元甚至几亿元，只给 5 分，是不是"太便宜"了？对于这样的问题，一方面，我们始终要明确，星级标准是住宿设施的评价标准，评价的主体始终应是住宿设施，配套设施只是处于从属地位，分值和条款的设置自然要偏向住宿设施，这是星级标准的本质特征。另一方面，硬件表的分值设置彰显了标准的引导方向，对于与住宿主营业务关系并不紧密、投资和管理难度较大、市场真实需求尚不充足的配套项目不应是标准的引导方向。

（二）弱化康体设施的分值有利于扭转配套项目越多分值越高的倾向

在 2003 版星级标准实施过程中，我们发现康体设施是最容易凑分的项目。如桌球室（哪怕只是在昏暗的楼梯拐角放一张台球桌）、图书馆（哪怕在一个小会议室里放两个书架）等，这些实际使用率很低、投入又不高的康体设施往往只为了应付星评而存在，星评工作结束后随之消失，在业内造成配套项目越多分值越高的倾向。

2010 版标准对饭店配套的康体设施的分值进行显著弱化，取消了射击射箭、保龄球、图书馆、乒乓球、棋牌室的分值，如果饭店具备这些项目，则这些项目归到 8.2.18 其他运动娱乐休闲项目进行打分，每类 1 分，最多 4 分。就是说在标准提及的康体项目之外，有一项算 1 分，4 分封顶。这样设计有利于扭转配套项目越多分值越高的倾向。

2.21　五星级饭店对残障设施具体要求是什么？

五星级的必备条件要求：门厅及主要公共区域应有符合标准的残疾人出入坡道，配备轮椅，有残疾人专用卫生间或厕位，为残障人士提供必要的服务，有残疾人客房，有残疾人停车位。

各项残障设施的具体要求可参照建设部、民政部、残疾人联合会共同发布的《城市道路和建筑物无障碍设计规范》（JGJ 50）执行，星级饭店应重视以下残障设施：

（一）建筑入口

1. 饭店建筑入口设台阶时，必须设轮椅坡道和扶手；

2. 入口轮椅通行平台最小宽度应大于 2 米；

3. 无障碍入口和轮椅通行平台应设雨棚；

4. 入口门厅、过厅设两道门时，门扇同时开启最小间距应大于 1.5 米。

（二）坡　道

1. 供轮椅通行的坡道应设计成直线型、直角型或折返型，不宜设计弧型；

2. 坡道的高度和长度应符合下表要求：

坡道坡度（高/长）	*1/8	*1/10	1/12
每段坡道允许高度（米）	0.35	0.60	0.75
每段坡道允许水平长度（米）	2.80	6.00	9.00

注：加 * 者只适用于受场地限制的改建、扩建的建筑物

3. 坡道面应平整，不应光滑；

4. 坡道起点、终点和中间休息平台的水平长度不应小于 1.50 米；

5. 建筑入口、大厅、通道等地面高差处，进行无障碍建设或改造有困难时，应选用升降平台取代轮椅坡道。

（三）残疾人卫生间或厕位

原则上，新建的五星级饭店宜在前厅专设残疾人卫生间。卫生间门宽不小于800mm，卫生间内的空地尺寸必须能够保证轮椅自如行动；

改建的残疾人厕位的面积不应小于 2.00 米×1.00 米，坐便器高 0.45 米，两侧应设高 0.70 米水平抓杆，在墙面一侧应设高 1.40 米的垂直抓杆；距洗手盆两侧和前缘 50mm 应设安全抓杆；洗手盆前应有 0.80～1.10 米乘轮椅者使用面积。

（四）安全抓杆

1. 安全抓杆直径应为 30～40mm。

2. 安全抓杆内侧应距墙面 40mm。

3. 抓杆应安装坚固。

（五）残疾人客房

残疾人客房应布置在方便轮椅进出、距饭店主出入口交通线路最短的位置。通常设在低层饭店的一层或高层饭店客房层的最低层。宜采用连通房的形式，便于家人的护理。同时应关注盲人、聋哑人等其他类型残障者的需要。

客房门的宽度不应小于 800mm，应采用横执把手和关门拉手。客房内应配备盲文服务指南，各类设施设备也应考虑盲文标志。橱柜挂衣杆不高于 1400mm；电器开关高度为 600～1200mm；电话安装高度为 800～1000mm；窗台高度为 600mm。

卫生间门宜采用推拉门；卫生间内的空地尺寸必须能够保证轮椅自如行动，通常轮椅旋转的最小直径是 1500mm。洗脸盆高度不得超过 800mm；镜面中心点高度为 1000～1200mm。恭桶前应有不小于 800mm 空间；恭桶高度为 550mm；应配置安全抓杆，抓杆距地面高度为 700mm。

（六）　残疾人停车位

位置：距建筑入口及车库最近的停车位置，应划为残疾人专用停车位。

要求：残疾人停车位的地面应平整、坚固和不积水，地面坡度不应大于 1：50；停车位的一侧，应设宽度不小于 1.20 米的轮椅通道，应使乘轮椅者从轮椅通道直接进入人行通道到达建筑入口；停车位的地面，应涂有停车线、轮椅线和无障碍标志，在停车位的尽端宜设无障碍标志牌。

2.22　星级标准对饭店的节能减排有何具体要求？

首先节能减排是必备项目中对一至五星级均有的原则性要求：应有与本星级

相适应的节能减排方案，并付诸实施。

检查时，分星级如何把握？

对于低星级饭店，可侧重于节能产品的应用（如节能灯、感应式灯光、水龙头等）；引导宾客参与（如客房内的提示卡，不主动提供牙膏、牙刷、拖鞋、浴液、洗发液等一次性客用消耗品等）。

对于高星级饭店，可侧重于节能设施改造［如变频电机、冰蓄冷设备、地（水）源热泵等］；管理措施（领导小组、分区计量、能耗分析、年度节能目标跟踪、员工培训等）。

其次是附录 B（硬件表）中增设一节（2.7 节能措施与环境管理）将建筑节能设计，新能源的设计与运用，采用环保设备和用品，采用节能产品，采取节能及环境保护的有效措施，中水处理系统，污水、废气处理设施，垃圾房等项目赋予较高分值。具体评价时：

2.7.1　自然采光、新型墙体材料、环保装饰材料任意应用其一即可得 2 分。

2.7.2　太阳能、生物能、风能、地热任意应用其一即可得 2 分。

2.7.3　使用溴化锂吸收式等环保型冷水机组、使用无磷洗衣粉、使用环保型冰箱、不使用哈龙灭火器同时满足此四项要求可得 2 分。

2.7.4　采用节能产品，节能灯、感应式灯光、水龙头控制任意应用其一即可得 1 分；采取节能及环境保护的有效措施，客房内环保提示牌，不以野生保护动物为食品原料同时达到可得 1 分。

第三，附录 B（硬件表）卫生间客用必备品（4.10.8）中取消了对牙膏、牙刷、拖鞋、沐浴液、洗发液等"六小件"（低值易耗品）的要求。标准内容采取缺一项扣 1 分的设计，是为强调卫生间客用必备品的刚性要求。"六小件"相关内容从卫生间客用必备品中去除，说明星级标准对"六小件"不再提刚性要求，目的显然是针对节能减排的导向性引导。星级饭店可根据客源市场的实际自行决定是否在客房免费配置"六小件"。

2.23　垃圾房的具体要求有哪些？

垃圾房的位置：垃圾房的位置应隐蔽，不能设置在宾客主出入口的视线内。

大型饭店的垃圾房一般设置在后勤主出入口附近，方便清运。垃圾收集和运输的线路要严格设计和规定。

垃圾房的结构和材料：垃圾房必须是全封闭式的，建筑材料宜以砖块、混凝土等材料建造，墙壁内面宜全部以釉面砖、釉面瓦等材料铺砌，天花板表面平滑。

垃圾房的设备：垃圾房应配设冲洗设备及排水管道，便于时常清洗；要有湿垃圾冷藏设施；条件允许的饭店可配置湿垃圾干处理装置。

垃圾房的管理：应有明确的垃圾分类要求和操作办法，有危险废弃物（如电池）的处置办法等。检查时可查看相应的操作规范。

2.24 客房面积怎么计算?

对于四星级饭店，标准必备项目要求：70% 客房的面积（不含卫生间）应不小于 20 平方米。

对于五星级饭店，标准必备项目要求：70% 客房的面积（不含卫生间和门廊）应不小于 20 平方米。

这里的面积均指使用面积，而非建筑面积。四星级、五星级的区别仅仅体现在是否包含门廊面积。评星时，五星级标准客房面积计算可能会遇到以下几种情况：

（一）典型布局（如图 1）

门廊的两侧分别是卫生间和衣橱。五星级的客房面积是图示中的阴影部分。这里应该注意到门廊一侧衣柜的占地面积不计入客房面积，但卫生间与客房隔墙外侧如有衣柜，其所占的面积应计入客房面积。

如遇到衣柜和小酒吧、行李架等做整体设计布局的情况，以卫生间与客房的隔墙的延长线为界线，客房一侧的设施（家具）占地面积可计入客房面积。门廊一侧的设施（家具）占地面积不应计入客房面积。

（二）非典型布局（1）

图 2 的客房结构布局中没有门廊，进门后直接面对睡房区域，左侧进入步入式更衣间，步入式更衣间和卫生间相连，卫生间靠外墙一侧布置圆形浴缸。五星级的客房面积是图示中的阴影部分。

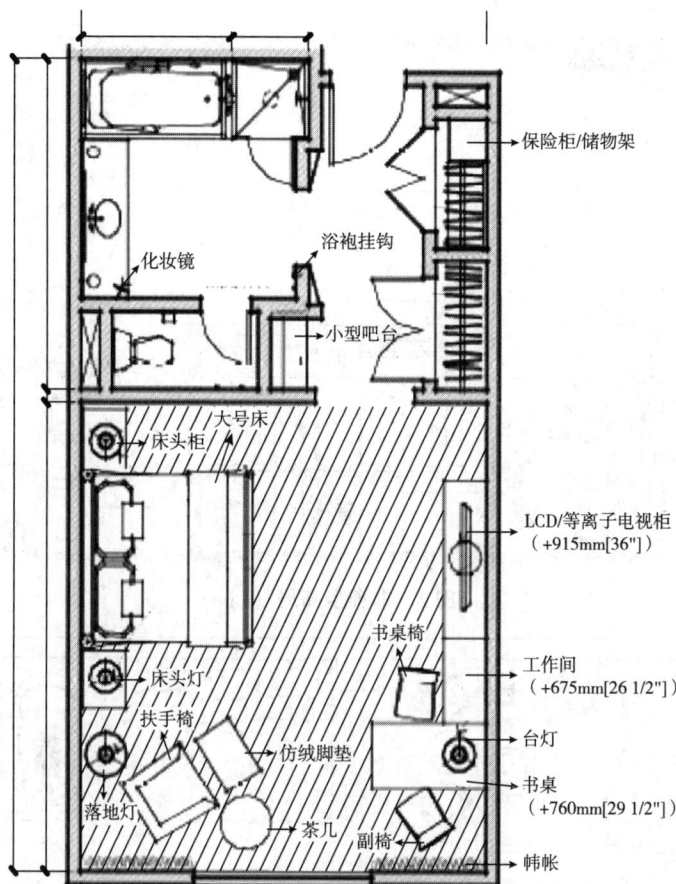

图 1　典型布局

（三）非典型布局（2）

图 3 客房结构布局的特点是浴缸放置在卫生间外，在阳台，或在睡房内。

计算面积时，浴缸的占地面积应算入卫生间面积。具体测算可以浴缸所在地面的地砖面积为准。如设置有户门进出的阳台，则阳台的面积不应计入客房面积。

2.25　什么是结构化综合布线系统？

通信专业上讲，综合布线系统是指用于语音、数据、影像和其他信息技术的标准化、结构化的布线系统，它使用 100Ω CAT3、CAT4、CAT5 类非屏蔽双绞铜

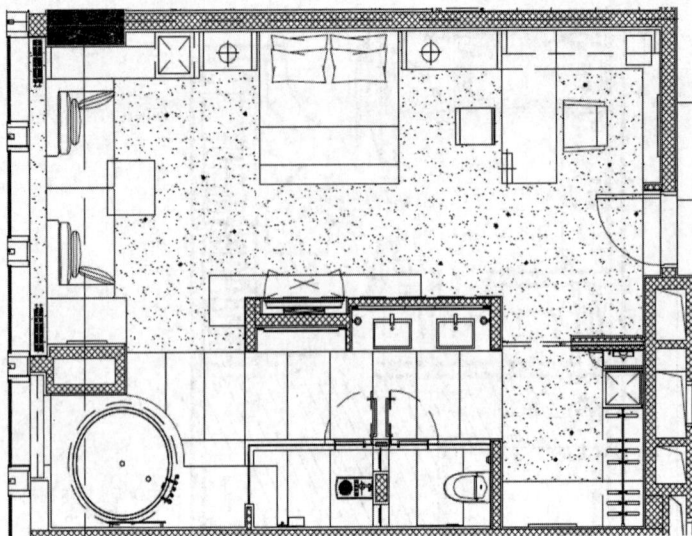

图2 非典型布局（1）

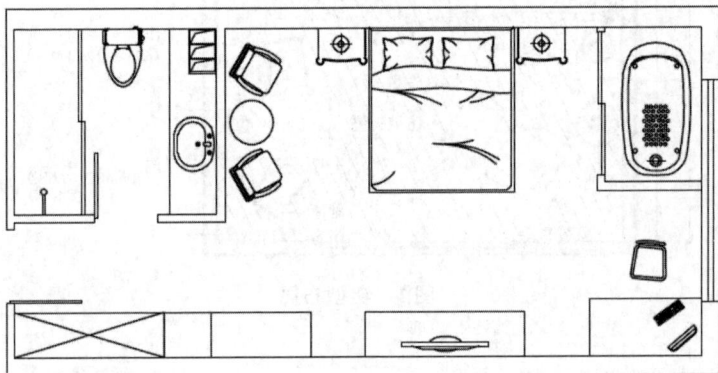

图3 非典型布局（2）

线以及62.5/125Mm光缆作为传输媒体。主要为楼宇自动化系统、通信自动化系统、办公自动化系统和计算机网络系统提供技术支撑。支持语音应用、数据传输、影像影视等功能。结构化综合布线系统分为：

作业区系统，由终端设备和连接到信息插座的连线组成，包括装配软线、连接器和连接所需的扩展软线，并在终端设备和输入/输出之间搭桥。

水平布线子系统，将干线子系统延伸到用户工作区，它总是处在一个楼层，并端接在信息插座上。

垂直干线子系统，提供饭店建筑物的干线（馈电线）电缆，它通常是在两个单元之间，特别是位于中央点的公共设备处，提供多外线路设施。

设备间子系统，由交连、互连和输入/输出组成，管理点为连接其他系统提供连接手段。

管理子系统，由管理软件及相关设备组成。

建筑群子系统，将饭店一个建筑内的电缆延伸到建筑群的另一个建筑内的通信设备装置上。

直观上说，如饭店具备结构化综合布线系统，饭店各个对客区域不需加装临时线路即可实现多种通信和控制功能，如视音频转播、传真机、独立电话、有控制功能的弱电线路等。

2.26　星级标准如何评价饭店服务质量？

饭店服务质量评价的内容体现在 2010 版星级标准的附录 C《饭店运营质量评价表》中。软件表主要评价饭店管理制度的完整性，前厅、客房、餐厅等服务项目的规范性以及各部位清洁卫生和维护保养的情况。

软件表的内容由总体要求、前厅、客房、餐饮、其他服务项目、公共后台区域等六大部分组成。总分为 600 分，分星级规定了最低得分率：五星级 85%，四星级 80%，三星级 70%，一星级和二星级不作要求。软件表主要有如下特点：

（一）引导制度建设

软件表引导星级饭店加强企业制度建设，强调饭店各项规章制度、操作程序、服务规范的完整性。为适应饭店管理发展的新趋势，应急预案、能源管理、满意度机制首次列入饭店制度，并提出具体要求：不仅要求具备各类突发事件的应急预案，还要有相应培训、演练计划和实施记录；能源管理不仅要有考核制度，还要有完备的设备设施运行、巡检与维护记录；满意度机制则强调要形成宾客意见的收集、反馈和持续改进机制。

（二）提高操作性

2003 版标准对饭店软件部分的要求分散在附录 B、C、D 三张附表中，内容繁多，打分程序比较复杂，操作性不强，实际星评时，这些内容的评价容易流于形式，难以达到其应有的规范和引导作用。2010 版标准的软件表中将管理制度、服务项目、清洁卫生、维护保养等饭店"软件"方面的内容有机融合在一张表格中，按照"优、良、中、差"四档统一打分，清晰明了，简化打分步骤，提高了操作性。

（三）增强客观性

如何高效、客观、准确地进行饭店服务质量评价在理论和实践上均是一大难题。2003 版标准主要采用"态度好"、"热情周到"、"效率高"等概念性词汇作为评价标准，概念宽泛，主观性过强，对饭店具体运营难以起到规范和指导作用。2010 版星级标准的软件表用程序化的语言将饭店服务流程描述出来，用流程描述来固化对饭店服务的期望，用具体动作来引导对服务效果的感知，增强服务质量评价的客观性。

具体来说：将前厅、客房、餐饮等主要服务项目分为若干道流程，每个流程中又细分为几个动作（通过几个串联的动作完成一个流程）。评价时，如果服务人员圆满完成了某个流程要求中的所有动作，该流程就可评价为"优"。也就是说，如果所有流程都圆满完成，那么该项服务就是符合标准要求的。这种项目→流程→动作的设计，将星评员的注意力集中到服务人员的具体动作上，而不仅仅是最终服务效果的评价上。因为服务效果的评价难以摆脱主观性，而对服务动作的观察比较客观，主观性可以得到有效控制，标准条目的操作性也将得到改善。饭店企业也可以直接对照软件表，建立完善饭店日常服务质量检查体系，从而更好地实施和宣贯标准。

（四）软件表打分说明

对于得分率的计算，总体要求、前厅、客房、餐饮、其他服务项目、公共后台区域 6 个大项各自分别计算得分率，且均应达到相应星级的最低得分率要求。这种设置主要体现 2010 版标准对饭店运营质量的全面要求。

对于总体要求和有关服务项目评价时，完全达到标准要求为优，基本达到为良，部分达到为中，严重不足为差。

对于各区域的维护保养和清洁卫生评价时，没有问题为优，出现 1 次问题为良，出现 2 次为中，出现 3 次以上为差。举例：前厅部位的天花板发现一处蛛网，天花板的评价就是良（计 2 分），发现第二处蛛网，天花板的评价就是中（计 1 分），发现三处（或以上）蛛网，天花板的评价就是差（计 0 分）。

对于软件表中带"*"的条款的评价，如饭店不具备该项目，统计得分率时应在分母中去掉该项分值。即分子、分母同时减少该项所占的分值。这种设计主要是节省标准篇幅的需要，以便三、四、五星级饭店在同一张软件表进行评价。需要特别说明的是：星评时是否进行"*"项目的评分由相应星级的必备项目决定，如为相应星级的必备项目要求，饭店企业不能以暂不具备为由推脱，星评员也不能以没有体验为由漏检。

举例说明：对一家待评五星级饭店进行第五大项"其他服务项目"的评价。会议、宴会、商务中心、商店是五星级的必备项目，因此这些项目是必须纳入评价范围的。游泳池、健身房、更衣室没有纳入五星级的必备项目，那么对五星级评定来说这些项目就是"*"项目。

情况一：该饭店没有游泳池、健身房、更衣室，那么第五项"其他服务项目"的总分值就变为84（总分）－15（健身房）－18（游泳池）－（12）更衣室=39分。五星级的得分率要求是85%以上，该饭店至少要拿到33.15分（四舍五入为34分）以上，这样第五大项才算达标。如不能达到34分，则星评工作终止，该饭店不达标。

情况二：该饭店具备游泳池、健身房、更衣室，并已在硬件表中计入分值，那么无论是不是必备要求，都应纳入软件表评价范围，总分仍为84分。这样设计体现了饭店产品整体性，即硬件设施和相应软件服务同时配套要求的思想。

情况三：该饭店曾经有游泳池，但在装修改造后作为消防水池使用，且在硬件表中没有计入游泳池的分值。那么可以在总分值（分母）中减去18分，不必进行游泳池的服务质量评价。

2.27 为何要强调整体性?

饭店产品是硬件和软件完美组合的结果。我们经常看到有些饭店不惜重金配置奢华硬件设施，却不重视维护保养，感觉就像身着名牌却不修边幅的暴发户；有些饭店给人的印象是五星级的大堂、四星级的餐厅、三星级的客房、旧体制招待所的服务；更有饭店直接打出广告："三星级的价格、五星级的享受。"凡此种种均反映了我国饭店产品在整体性方面存在不足。星级标准的内容设置体现了饭店产品整体协调发展的思想。

首先，整体性的要求体现在星级标准总则（5.8）中：评定星级时不应因为某一区域所有权或经营权的分离，或因为建筑物的分隔而区别对待，饭店内所有区域应达到同一星级的质量标准和管理要求。这一要求的核心是"所有区域应达到同一星级的质量标准和管理要求"。

所有权与经营权分离的情况是指饭店因为经营的需要，可能把部分餐厅、康乐设施、商店等租赁给其他专业公司经营。根据5.8的要求：只要这些设施参与星评，那么不论饭店是否参与具体经营，其设备档次和服务质量均应达到同一星级的要求。

建筑物分隔的情况是指，有些饭店的客房、餐饮、康乐等设施可能由分散的多栋建筑组成，由于历史原因，不同楼座之间的设施设备档次并不一致。根据5.8的要求：只要这些楼座一并参与星评，其设备档次和服务质量也均应达到同一星级的要求。对于只有一栋"贵宾楼"符合五星级标准，其余客房和其他设施维持原有四星级的标准的评定申请，星评机构可以驳回。（例外情况是：不同建筑，分别有不同的管理实体，使用明显不同的饭店名称，财务独立核算）

其次，星级标准在内容中注意硬件和软件要求并重。附录B（硬件表）中的硬件设施均可以在附录C（软件表）中找到与之对应服务程序和维护保养、清洁卫生方面的内容。硬件表和软件表相辅相成，共同构成对饭店产品的整体评价。

第三，星级标准强调饭店整体上的舒适度。附录B（硬件表1.3.6）要求：饭店配套设施不在主体建筑内又没有封闭通道相连（度假型饭店除外）扣除5分。

第四，附录C（软件表）的评分要求：总体要求、前厅、客房、餐饮、其他服务项目、公共后台区域6个大项各自分别计算得分率，且均应达到相应星级的最低得分率要求。就是说软件表要求各大项逐项达标，而不仅仅是总分达标。

2.28　确保饭店信息安全的措施有哪些?

星级标准硬件表2.2.2规定：采取确保饭店信息安全的有效措施。

实际操作时，饭店应在硬环境和软环境方面同时采取必要的信息安全措施。

2.28.1　安全的硬环境

包括中心机房安全、服务器及服务器操作系统安全、网络安全、数据库安全、数据存储安全、应用软件的安全、病毒防护和防黑客攻击安全等。

2.28.2 安全的软环境

系统安全的软环境是指管理制度、应急方案、操作规范和安全培训制度等。

硬环境、软环境同时达标，才可得此2分。

2.29 如何区分主流与非主流系统供应商？

星级标准硬件表2.2.3将系统供应商区分为主流与非主流。标准释义上已有解释：所谓系统主流供应商是指系统功能、拓展能力强，拥有广泛客户群与市场认可度、占有率的品牌。而在饭店中普遍较少使用且功能单一、专业与技术更新相对滞后的品牌则为非主流供应商。

此项条款是出于饭店管理系统应用能力上的考量。

拓展性强是主流供应商产品最核心的竞争力。虽然一套主流饭店信息系统价格不菲，但可以在其系统平台上拓展多种业务功能，可以做到前后台数据的共享和关联。而非主流饭店信息系统通常功能较为单一，不同功能模块的兼容性不强，不利于今后同一系统平台上业务功能的集成，影响管理软件的应用能力。

3 实 务 篇

3.1 如何检查突发事件应急预案?

检查突发事件应急预案时,可从以下几方面把握:

(一) 内容全面

星级标准必备项目要求:三星级以上饭店均应有包括火灾、自然灾害、饭店建筑物和设备设施事故、公共卫生和伤亡事件、社会治安事件等在内的突发事件应急预案。检查时,首先要查看饭店应急预案的内容是否全面,以上五类突发事件应急预案必须具备。

(二) 分工明确

应急预案应明确处置突发事件时饭店各部门的职责。可临时组成若干个分工明确的工作小组,以火灾预案为例,在火场指挥部的统一指挥下,除视火情按程序报 119 处理之外,饭店各职能部门可发挥各自优势,组成以下临时行动组:

1. 灭火扑救组

由酒店保卫部和工程部组成,使用水带和水喉以及灭火器进行灭火。

2. 通信联络组

由工程部弱电工程师负责保证火场的火警电话畅通无阻。

3. 疏散引导组

由前厅、销售、客房等部门组成,根据前厅部提供的住客信息迅速赶到对应的疏散楼层,对客进行引导疏散,确保住店客人安全到达一层指定位置。

4. 安全救护组

由人事、财务、餐饮等部门组成，主要负责对可能受伤的客人进行简易救护，并等待 120/999 到场处置，同时要做好对所有客人安抚答疑的工作。

（三）程序合理

针对某类突发事件的性质、特点和可能造成的危害程度，制定该类突发事件细分等级，每一等级都有具体的处置程序与之对应。

如：总机在接到总经理或值班经理命令启用"应急灭火行动预案"后，应按照顺序通知以下部门的人员。

1. 保卫部值班经理。

2. 总经理/值班经理。

3. 工程部总工。

4. 通知内容：时间、地点、楼层、房号、火情及有无人员伤亡。

5. 集合地点：除保卫部和消防主管外，其他人员一律到达一层火控中心集合。

又如：总经理下达疏散指令后：

1. 首先疏散着火部位上层的客人和着火层的客人；

2. 疏散下层的客人；

3. 检查所有房间的客人是否都已撤离，并在房门上做记号；

4. 客房部楼层服务员和义务消防队员，应引导客人从最近的安全出入口疏散到一层的大堂，在疏散中要注意保护老幼、孕妇等。

（四）演练实施

星级标准必备条件要求：对于五类突发事件，要有年度实施计划，并定期演练。

检查时，首先可查阅各项应急预案的年度演练计划；然后可查阅演练签到册等原始文档；第三，可随机抽查若干基层员工考查基本应急知识以检验演练效果。简单的问题可以是：饭店内部的火警电话号码是什么？饭店内部火情分为几级？应急预案启动后，你本人的职责是什么？

3.2 如何检查饭店培训系统?

星级标准必备项目要求：应有系统的员工培训规划和制度，应有专门的教材、专职培训师及专用员工培训教室。

（一）全面的培训规划

完整的培训规划应涵盖饭店职业生涯的各个阶段，包括入店培训、入职培训、晋升培训、交叉培训、在职培训、接班人计划等。

检查时，可查阅人力资源部的标准操作规范，以及各项培训的实施记录（总结）。

（二）专门的教材和师资

饭店应设专职培训经理（主管），在人力资源总监（经理）的领导下，具体落实饭店的培训工作。具体工作主要有：制订和实施员工的培训与发展计划；讲授培训课程；指导、辅助各部门贯彻落实各项培训项目；为内部兼职培训员提供咨询和指导；与外部培训机构保持良好关系，并从中选择高质量的培训机构为酒店提供培训。

检查时，可查阅培训经理职务说明书，饭店自编的培训教材，与外部培训机构的合作文件等。

（三）培训效果的考查

知识、技能和态度是考查培训效果的三大要素，三者缺一不可。

知识培训是员工获取持续提高和发展的基础，员工只有具备一定的基础及专业知识，才能为其在各个领域的进一步发展提供坚实的支撑。检查时，可抽查基层员工饭店应知应会的内容。

技能培训是饭店培训中的重要环节，员工的工作技能是饭店产生效益、获得发展的根本源泉。检查时，要注意观察饭店各部位基层员工的操作细节和动作习惯。

态度培训是酒店必须持之以恒进行的核心重点。员工具备了扎实的理论和过硬的技能，但如果没有正确的价值观、积极的工作态度和良好的思维习惯，那么，他们给饭店带来的很可能不是财富，而是损失。检查时，可旁听人力资源部的入职培训课程，而后抽查基层员工是否熟记饭店的经营和服务的基本理念。

3.3 前厅检查要点有哪些？

检查前厅时，可重点从以下方面把握：

（一）功能布局

功能布局方面的要求详见 2.6。检查时可重点关注贵重物品保险箱：

五星级饭店的贵重物品保险箱应置于前厅部专用保管室。注意专用性（不与前厅部库房或办公室混用）、安全性（保险箱应配置两把钥匙，宾客和饭店各执一把，同时开启。室内设监控探头，将所有保险箱置于监控范围之内）、方便性（保险箱数量应与客房数量相匹配，一般配置两种以上规格，配备桌椅、纸笔等必要用品，方便宾客操作和使用）、规范性（室内墙面明显位置应悬挂使用说明和安全警示，相应单据信息完整）。

（二）软件服务

行李寄存：该项服务属于必备项目。检查时要注意行李寄存牌后面的说明，一般应有以下内容：禁止存放的物品、超期存放处理、饭店免责条款等。可实地查看行李房，行李房不应存放除客人行李外的其他物品；易碎品应悬挂"小心轻放"的示意牌；一位宾客多件行李，需用绳连在一起以免取错；将半天、一天短期存放的行李放置在方便搬运的地方；对超出宾客需要寄存时间一周以上的行李，应在工作记录本上做好内部交接。

外币兑换：该项服务属于必备项目。检查时注意业务人员资质（员工应持有中国银行颁发的《外币代兑员证》）；安全性（钥匙保管、交接班）；规范性（当面清点、出具水单）。

宾客关系经理：新版标准取消了以往标准"大堂副理"的提法，转而强调处理宾客关系的功能。宾客关系经理的主要职责是：确保为所有的客人提供优质服务并且稳定而持续，并在工作中不断发现不足改进工作，保证部门内各项工作有效进行，必要时为部门内各项工作提供帮助及支持。检查时，可查阅宾客关系经理的工作日志，重点查看宾客投诉的处理和跟进情况，电话拜访、当面拜访的记录和跟进情况等。

礼宾服务：该项服务属于必备项目。礼宾服务包括但不限于以下服务：问询、快递、接送、旅游、订房、订餐、订车、订票、订花等。检查时可抽查其中一两项，并检查委托代办书，主要内容应有：委托事项、付款方式、联系方式、宾客和礼宾员签名等。

（三）整体舒适度

星级标准硬件表对前厅整体舒适度有明确要求。

"3.11.1　绿色植物、花卉摆放得体，插花有艺术感，令宾客感到自然舒适。"检查时要特别注意绿色植物的维护保养情况，遇到枯枝败叶较多的情形，可以扣1分；如使用各种仿真花卉，该项得分不应超过1分。

"3.11.2　光线、温度适宜。"检查时要注意前厅和客房区域的温差，如超过5℃，体感明显不适，可以扣1分（度假饭店，采取开放式设计的前厅可例外）；利用自然采光的前厅部位，应使用遮阳帘或玻璃反光膜以遮蔽中午强光，否则可扣1分。

"3.11.3　背景音乐曲目适宜、音质良好、音量适中，与前厅整体氛围协调。"检查时，注意背景音乐播放的时段、曲目和音量，可以查阅消防控制中心的有关操作规程，如与实际不符，可以扣1分。

"3.11.4　异味、烟尘、噪声、强风（扣分，每项扣1分）。"出现上述问题，多与建筑设计和功能布局不当有关。如1.3建筑结构与功能布局有缺失，引发的后果通常是前厅异味、烟尘、噪声、强风。

"3.11.5　置于前厅明显位置的商店、摊点影响整体氛围。"该条款是直接扣分项（扣4分），要谨慎把握。综合体项目中的饭店通常和高档购物商场紧密连接，但两者的氛围营造应有显著区别，且互不影响。该项条款更多情况是针对临时摊点。中秋、春节期间，饭店通常会进行月饼、年货的促销，这时候尤其要注意该项条款，摊点的位置和设计既要醒目和热烈，又要保持前厅整体优雅、静谧的氛围。如在饭店大堂（主要出入口）感受到"廉价商品展销会"的气氛，则应扣4分。

3.4　客房检查要点有哪些？

检查客房时，可重点从以下几个方面把握：

（一）不同房型

销售上，饭店通常根据不同楼层、不同朝向、不同配置命名十几种房型。但星级标准中与五星级饭店相关的房型只有五类：标准客房、行政楼层客房、残疾人房、套房、四开间（含以上）豪华套房。标准客房（大床房、双床房）是饭店客房的主打产品，通常占客房总数的 70% 以上，因此，客房检查的重点应是标准客房。

检查时，要全面覆盖以上五类房型，但要注意规避由受检饭店事先确定房号。可在前厅检查结束前，要求前台员工打印当天房态表，在 VC（vacant clean）房中随机抽取不同楼层的 2 ~ 3 间标准客房，而后进房检查。这样可以有效规避店方的迎检做法，有助于发现不同楼层客房的差别。

（二）细部卫生

整洁卫生是客房产品的基本要求。细部卫生体现了客房清洁卫生和维护保养的真实水平。检查时，重点关注：

1. 吸尘情况（床和家具下的地毯、床的软垫、厚窗帘、沙发、软靠垫等是否无尘）

2. 窗户（窗框、窗帘轨道是否有浮灰）

3. 空调出风口、回风口

4. 灯具（灯罩、灯泡是否积灰）

5. 墙纸（表面是否有浮尘，是否有明显污渍）

6. 电话机（是否无污渍、无异味）

7. 小冰箱（内外部是否均清洁、无异味）

（三）舒适度

具体体现在硬件表（4.14）8 个方面，10 个条款的要求。是星级标准重点强调的部分，检查时要重点感受和认真评价。

1. 布草规格

纱支指每克纱纱的长度，即支数越高纱线越细，均匀度越好，反之也就是支数越低纱线越粗。饭店布草常见有"40×40/128×68"表示经纱、纬纱分别 40 支，经纬密度为 128，68（经纬密度是指每平方英寸中排列的经纱和纬纱的根数）。

客房布草的纱支、大小、重量均已在评定报告书中载明，检查时星评员无须称重和测量，必要时可核对饭店的采购单（供货合同）。需要注意的是为了增加洗涤次数，部分饭店的床单、被套采用棉涤混纺织物，这样 4.14.1.2 中含棉量就不能达到 100%。

2. 床垫枕头

对于床垫，应要求软硬适中，不能有塌陷，床垫上加一层柔软的褥子。

对于枕头，并非要求每个房间都摆设 3 种以上类型的枕头。检查时如普通客房中有"枕头菜单"（Pillow Menu），客房部有相应操作规范文件，这两个条件同时满足，才可得分。

3. 温度湿度

"4.14.3.1　室内温度可调节"是指客房内有供宾客自行调温装置。一般的调温装置应有开关、温度控制、风力调节三大功能。只有"on/off"开关的中央空调，该项不得分。检查时，如体感明显不适，可要求饭店工程部对星评员指定区域进行温度和湿度的测量，结果如超标，相应项目不能得分。

4. 隔音遮光

4.14.5 是隔音的要求。

门的隔音措施有：在门缝处增加密封条；门下部增设隔音条；在客房进门处的顶棚上配置吸音材料等。

窗户的隔音措施有：使用中空玻璃；使用夹层玻璃；加大窗框牢度避免共振等。

隔墙的隔音措施有：上下楼层间的楼板安装隔音吊顶；选用隔音材料（隔声毯、吸音棉、壁纸等）建造隔断墙；相邻房间的隔断墙应做到上层楼板等。

客房内理想的隔音效果是噪声不大于 45dB。如部分客房靠近高噪声设施（如歌舞厅、保龄球场、洗衣房等），影响宾客休息，则扣 4 分。

4.14.6　是遮光的要求。

检查时注意，纱帘和遮光窗帘是五星级的必备项目。窗帘滑轨，特别是遮光窗帘的左右滑轨应设计成使得两片遮光帘有一部分交错，确保遮光效果。

5. 照明效果

4.14.7　是照明效果的要求。

专业设计，应从以下几方面理解：

第一，灯具配置，4.4.1 要求的 9 个灯具全部配置齐全；

第二，灯光控制，达到 4.4.2 第一档要求；

第三，照明效果，功能照明、重点照明、氛围照明三者同时具备。

以上三条同时满足，才可谓"专业设计"。

6. 方便使用

4.14.8 是宾客使用方便性方面的要求。

检查时，重点关注插座、开关的位置（以下数值供参考）：

灯光总控开关、床头各灯具开关与床之间距离在 100~200mm，距地面高度为 800~900mm。总控开关面板与其他开关面板应有所区别，安装位置宜单列。

不间断电源插座、网络插口等位于写字台平面的上方，离地面安装高度为 920~1520mm，并配有醒目标志和网络使用说明。

如不间断电源、网络插口紧贴地面设置，该项不得分。

7. 和谐匹配

4.14.9 是装修装饰和谐匹配方面的要求。

检查时，五星级饭店的客房要注意装饰艺术小品的应用效果。突出装饰性和艺术性，强化饭店文化主题。没有装饰品，不给分。

8. 音画良好

4.14.10 是对电视机背景音乐效果的要求。

检查时注意背景音乐是五星级的必备条件，有三种设置方式（前文已述）。电视节目顺序有编辑（也是必备），按照"先国内、后国际"，"先中央、后地方"的顺序排列，否则扣 1 分。电视机或背景音乐出现明显杂音，或图像质量低下影响观看的情况，该项不得分。

3.5 豪华套房检查要点有哪些?

（一）开间数量

星级标准必备项目要求：五星级饭店要有至少 4 个开间的豪华套房。四星级饭店要有至少 3 个开间的豪华套房。

开间的定义：建筑学上开间是指一个自然间的宽度，是指一间房屋内一面墙的定位轴线到另一面墙的定位轴线之间的实际距离。现代饭店建筑大多采用大开间设计，在装修时再做功能分区。

星级评定时，在开间数量的计算上不必拘泥于建筑学的开间概念，主要侧重功能分区，不同的功能分区之间有一定的隔断即可。这种隔断可以是实体墙的"实隔断"，也可以是屏风、哑口、珠帘之类的"虚隔断"。

（二）功能分区

三开间豪华套房通常由客厅及卫生间、独立的书房或餐厅、卧室及卫生间组成。

四开间豪华套房通常由客厅及卫生间、独立的书房或餐厅、主卧室及卫生间、副卧室及卫生间等功能空间组成。

（三）设施配备

家具、布草、洁具等设施设备及卫生间客用品配置应明显高于其他客房配置，充分体现奢华和尊贵。

（四）舒适度

由于豪华套房空间较大，舒适度方面尤其要注意设施设备使用的有效性和便利性。特别关注灯具开关、淋浴龙头、插座位置。

3.6　残疾人客房的检查要点有哪些？

检查残疾人客房时，可在以下几个方面重点把握，各项数据仅供参考。

（一）位　置

原则上残疾人客房应布置在便于轮椅进出的、交通线路最短的地方。一般设在饭店客房层的最低层。

（二）客房门

客房门的宽度应不小于800mm，采用长柄把手，不安装闭门器，分别在1.1米和1.5米处安装门窥镜，门链高度不超过1米。

（三）设　备

衣柜挂衣杆不高于1400mm；低位电器开关、插座高度不低于600mm，高位电器开关、插座高度不高于1200mm；挂式电话安装高度为800～1000mm；宜安装电动窗帘；卫生间及客房内应设置紧急呼叫按钮（或有呼叫功能的电话）。

（四）空　间

床位一侧应留有宽度不小于1500mm的轮椅回旋空间，床面高度为450mm。

（五）卫 生 间

卫生间门宽应不小于800mm，宜采用推拉门；原则上不配置浴缸；淋浴间面积不小于1200mm×1200mm，应设置安全洗浴坐凳，安装安全抓杆，横式安全抓杆的高度为距地面900mm，竖式安全抓杆的高度为距地面600～1500mm；水流开关安装高度为900mm。

（六）其 他

关注盲人、聋哑人等其他残障人士的需要。开关上宜设置盲文标志。

3.7 客房卫生间的检查要点有哪些？

检查客房卫生间时，可重点从以下几个方面把握：

（一）设施布局

4.10.3是对卫生间设施布局的区分：

检查时，注意第一档描述"不少于50%的客房卫生间淋浴、浴缸、恭桶分隔"。这里"恭桶分隔"是指恭桶区域独立，与卫生间其他区域有隔断，且设置玻璃门。

（二）使用便利

为保障宾客使用便利，以下数据供参考：

面盆：面盆上沿距地面高度不超过810～940mm；前方应留有450～550mm空间。

淋浴喷头安装高度距地面1820～1950mm。

恭桶：前方应留有450～600毫米空间，左右留有300～350mm空隙；手纸架、电话副机应置于恭桶侧前方。

梳妆镜、化妆放大镜安装，以镜面中心点距地面1600～1650mm为宜；壁挂吹风机的高度在1650～1700mm。

（三）龙头和下水

4.10.5.2要求："完全打开热水龙头，水温在15秒内上升到46℃～51℃，水温稳定。"检查时，只将浴缸或面盆的热水龙头开到最大（冷水龙头关闭），用手背感知水流温度，如15秒钟内水温明显上升，有烫手感觉，即可认为符合要求。

4.10.5.3 要求："水流充足（水压为 0.2MPa～0.35MPa）、水质良好。"检查时，用手背感知水压情况，如完全打开冷（热）水龙头，手上感知到明显水流冲击力，即可认为水压已达标准要求。但如出现水质浑浊，有异味，该项不得分。

4.10.5.4 要求："淋浴间下水保持通畅，不外溢。"检查时，以淋浴全程积水不外溢，且不漫过脚背为判断依据。

（四）专业设计

4.10.2 第一档描述中提及的"专业设计"，有以下否决条件，即如出现以下情况，则不能认为是"专业设计"，4.10.2 不能得第一档分。

1. 没有分区域照明，不能达到 4.10.5.1 要求（浴缸和淋浴间均有单独照明，分区域照明充足）。

2. 卫生间内没有挂钩，或不方便使用。

3. 卫生间门没有门锁（开放式除外）。

4. 卫生间内电源插座被毛巾遮挡。

5. 卫生间内无毛巾杆（环）。

6. 恭桶、淋浴房等区域空间狭小，不方便使用。

3.8　公共卫生间的检查要点有哪些?

检查公共卫生间时，可重点从以下几个方面把握：

（一）位置合理

大堂应设置公共卫生间，且与大堂在同一楼层。否则硬件表 3.8.1 不能得分。饭店其他人流集中区域（如宴会厅、会议区、康乐等）宜设置公共卫生间。

（二）设计专业

（1）洁具数量

以下数据供参考：

性　别	恭　桶	小便器	洗手盆
男	1 个/100 人	1 个/50 人	1 个/15 人；2 个/16～35 人；3 个/36～65 人；
女	1 个/50 人	—	4 个/65～200 人；每增加 100 人增加 2 个

（2）灯光照明

公共卫生间宜采用适当色温的光源，保证盥洗台区域照明充足。功能照明、重点照明、氛围照明和谐统一。

（3）空调通风

公共卫生间应设置空调，与饭店其他区域不应有温差；应有机械通风设备，无异味。

（4）冷热水

盥洗台应具备冷热水功能，热水出水迅速（15 秒内水温明显上升），水流充足，水质良好。

（5）导向规范

导向标志的图形符号符合国家标准《标志用公共信息图形符号》中的有关要求，清晰醒目，易于寻找。

以上五项同时达到，才可谓硬件表中 3.8.2 "设计专业"。

（三）关注细节

（1）恭桶隔间门插销完好；

（2）每个恭桶隔间内配置衣帽钩，方便使用；

（3）恭桶隔间、男用小便池上方可设置搁物平台。

3.9 行政楼层的检查要点有哪些？

检查行政楼层时，可重点从以下几个方面把握：

（一）行政楼层客房

星级标准硬件表 8.1.1.8.1 要求："客用品配置高于普通楼层客房。"检查时，必须达到以下两项要求（或以上）才可认为该项达标。

1. 家具、电器较普通楼层有明显提升。可以是材质上的提升，也可以是种类上的丰富。

2. 布草的品质有明显的提升。如提升布草的纱支数，棉质睡衣换成丝质睡衣等。

3. 客用易耗品有明显提升。包括种类和质量上。洗发液、沐浴液、润肤露等洗漱用品应统一采用高端品牌。

（二）行政楼层公共设施

1. 行政楼层接待台

星级标准 8.1.1.1 要求："专设接待台，可办理入住、离店手续，并提供问讯、留言等服务。"

检查时，要注意行政楼层接待台是否能办理全套入住、离店手续，如信用卡预授权、房卡制作、发票打印等。否则，该项不能得分。

2. 餐饮区域

星级标准 8.1.1.4 要求："有餐饮区域（行政酒廊，提供早餐、欢乐时光、下午茶），面积与行政楼层客房数相匹配，应设置备餐间。"该项 4 分，具体分值可分配如下：

（1）有餐饮区域（1分）

（2）提供早餐、欢乐时光、下午茶等服务（1分）

（3）面积匹配，通常城市商务型饭店，行政楼层餐饮区域座位数约占行政楼层客房数的三分之一，每个座位占 1.5～1.8 平方米（1分）

（4）设置备餐间（1分）

（三）行政楼层服务

星级标准 8.1.1.6 要求："可提供管家式服务。"检查时，要注意并非要求行政楼层必须要提供管家式服务，更不能要求每个行政楼层客房配备一个"贴身管家"。如待评饭店表示可提供管家式服务，则可要求查阅饭店管家服务（butler service）标准操作规范。具体应包括以下主要服务内容：

（1）协助行政楼层服务员为宾客办理入住和离店手续。

（2）陪同行政楼层宾客到他们的房间。

（3）向宾客介绍行政楼层客房内设备（电话、空调、上网、电视、灯、保险箱、小冰箱、茶及咖啡等等）。

（4）介绍行政楼层有关的优惠待遇。

（5）可帮助宾客打包或打开行李，协助宾客把衣物挂入衣橱。

（6）可帮助宾客安排洗衣及熨烫服务。

（7）可帮助宾客确认机票、火车票及安排车辆。

（8）在宾客抵店前，细致检查房间，确保相关布置到位。

3.10 大宴会厅的检查要点有哪些?

检查大宴会厅时,可重点从以下几个方面把握:

(一)配设宴会厨房

星级标准硬件表 8.1.2 要求:"大宴会厅或多功能厅(应配有与服务面积相匹配的厨房)。"大宴会厅必须配设厨房,否则只能作为会议厅。厨房或备餐间宜与大宴会厅在同一楼层,传菜距离尽可能短。

(二)面　积

面积计算以固定隔断为准。就是说活动隔断所分割的大宴会厅或多功能厅数量只能计算为一个。

确定面积后,序厅面积达不到同档标准规定要求,该档得分减 1 分。

(三)净高度

应以整个大厅中心地区最大面积的天花板距离地面的高度计算,而非吊灯底部距地面高度。

(四)专用入口与通道

"专用入口"指区别于饭店主入口,专为参加宴会(会议)宾客进入饭店设置的出入口。"专用通道"是指可直达大宴会厅和多功能厅的自动扶梯或楼梯。

(五)隔音效果

应控制在厅内 35dB 左右,如宴会厅天花与外界相连的上方或有隔断的上方没有封闭,则 8.1.2.6 不能得分。

(六)灯　光

灯光的"专业设计"不仅仅是简单的亮度调节,主要应体现在由电脑控制的灯光效果,可帮助活动组织者营造多种氛围。

(七)贵宾休息室

贵宾休息室"位置合理"是指贵宾休息室和大宴会厅应在同一楼层,如不在同一楼层,则需有专用通道。否则,8.1.2.10 不得分。

3.11 游泳池的检查要点有哪些?

检查游泳池时,可重点从以下几个方面把握:

首先明确，游泳池不是五星级饭店的必备项目，只是星级标准在硬件表中的打分项目，饭店可以根据经营的需要自行决定是否配设游泳池。检查时，应注重卫生、安全方面的要求。

（一）游泳池外接待处应设立客人须知、营业时间、价目表等信息。

（二）更衣室应配带锁更衣柜、衣架、椅凳等；采用间隔式淋浴间，有门或浴帘，配洗浴液，有防滑措施。

（三）游泳池入口处设浸脚消毒池。否则 8.2.7.4 不得分。

（四）室内游泳池室温保持在 25℃左右；水温控制在 25℃～30℃；池水定期消毒、更换，氯值和细菌总数符合相关卫生规范要求。

（五）有水深、水温指示标识。否则 8.2.7.6 不得分。

（六）在明显位置悬挂救生设备，有安全警示标识，专人负责安全，有应急照明设施，缺失一项 8.2.7.7 即不得分。

3.12 健身房的检查要点有哪些?

检查健身房时，可重点从以下几个方面把握：

（一）健身房使用规则

使用规则应在健身房入口处（接待处）明示。主要内容应包括：营业时间、宾客运动装束要求、儿童使用要求、禁烟要求、安全提示（提醒宾客不要存放贵重物品）、饭店免责条款等。

（二）健身房分区设计

规范的健身房应分为接待区、更衣区、伸展区、器械区、形体室、休息区等区域，承担不同的服务功能。根据设计需要，健身房与游泳池的更衣室可以合用，也可以分开。如分开设置，在计算更衣箱数量时（硬件表 8.3.2.1），两者可以合并计算数量。

（三）装修装饰

注意运动氛围的营造。应有一定的音像设施，宜配置宾客可自行点播的独立音像系统。

（四）照明和通风

大多数健身房设置在地下，尤其要注意通风和照明。应有机械通风装置，换气量不低于 40 立方米/人·小时。自然采光照度不低于 80Lx，灯光照度不低于 60Lx。（上述数据供参考）如感觉闷热，或光线昏暗，硬件表 8.3.1.1 不得分。

（五）相应的服务

接待台的服务人员应提醒宾客不要在更衣柜中存放贵重物品；服务人员必要时应向宾客讲解器械操作要领；应提供毛巾；应提供免费饮用水，宜提供饮品服务。

3.13　水疗的检查要点有哪些?

水疗区域的检查重在感受，完美的 SPA 产品能给宾客带来听觉（背景音乐）、嗅觉（天然花草熏香）、视觉（自然景观或室内装饰、灯光）、味觉（健康饮食）、触觉（按摩呵护）等全方位的放松和享受。

（一）装修装饰

室内以暖色调灯光为主，光源设于墙上，光线向上，突出静谧、安详的氛围。切忌在天花板上设置主光源，空调出风口吹向按摩床，水疗区域靠近噪声源（厨房、机房）等，否则硬件表中 8.2.11.1 不能得第一档分。

（二）专业水疗技师

可要求出示相关资质的证明文件。

（三）水疗用品商店

水疗用品商店应出售各种专业水疗用品，服务人员应熟悉产品有关知识，能向宾客推荐适合的产品。

（四）室外水疗设施

热带度假型饭店通常设置室外水疗设施，整个疗程完全在室外进行，突出人与自然的亲近，别具风格。

3.14　如何检查开夜床服务?

开夜床服务是四星级、五星级饭店的必备项目。除非宾客要求，一般对住客房每天都应有开夜床服务。检查时要注意以下环节：

（一）服务全覆盖

是否对所有住客房都做夜床？一般情况下，饭店开夜床的顺序为：VIP 房、散客房、团队房、预抵房；检查时，可查阅楼层服务员工作日报表。防止有些饭店降低服务标准，只对 VIP 房开夜床。

（二）服务效果

首先，客房（含卫生间）的清洁卫生应与洁净房一致。

其次，睡前准备。如遮光窗帘闭合；床头灯打开；棉被前部反折至枕头边缘齐平；床边放垫巾与拖鞋；将浴帘拉至浴盆一半并放入浴盆内；将脚巾铺在靠浴盆的地面上；浴盆内放置防滑垫（若有淋浴房则放在淋浴房内）；虚掩卫生间门等。（不同管理公司的夜床规范不尽相同，以上程序供参考）

再次，补充客用品。更换用过的毛巾；补充小酒吧消耗的酒水；撤换宾客用过的杯具；补充免费矿泉水等。

最后，提供附加值。如将电视遥控器、洗衣袋等放在床头（尾）方便宾客使用；将一瓶免费矿泉水及水杯放在床头柜上，方便宾客饮用；放置晚安卡或致意品；醒目放置宾客意见卡和账单（针对次日离店宾客）等。（不同管理公司的夜床规范不尽相同，以上程序供参考）

3.15 如何检查洗衣服务？

洗衣服务是四星级、五星级饭店的必备项目。但并不要求饭店一定要设置洗衣房，有条件的地方，饭店的洗衣服务可以外包。检查时，注意以下内容：

（一）洗衣单信息完整

洗衣单上的信息至少应包括：服务时间、服务项目（干洗、湿洗、熨烫）、服装种类、数量、价格、送回方式、联系电话等。

（二）收衣环节

可致电要求收衣，观察客房服务员是否仔细核对数量、款式；检查衣服内的遗留物品；检查衣服状况（是否破损、褪色等）并与宾客确认。

（三）送衣环节

及时送还衣物（至少在规定时间内）。衣物按要求洗涤、熨烫。衣物按要求送回（折叠或悬挂）。如有特殊情况，应书面告知宾客，如送洗前检查已破损或染色、污渍无法去除、衣服数量不符等。告知书宜用统一格式印制。

3.16 如何检查送餐服务?

星级标准必备条件要求:四星级、五星级饭店均要求提供送餐服务。不同在于服务时间,四星级是 18 小时,五星级是 24 小时。另外,"送餐车应有保温设备"写入五星级必备条款。

检查时,注意以下环节。

(一) 订　餐

可直接致电订餐。通话中留意订餐员用语是否规范?是否用姓氏称呼宾客?是否重复和确认订单细节?是否主动告知预计送餐时间?是否询问付款方式?是否向宾客致谢?以上步骤缺失两项以上,软件表 4.1.4.1 不能得"优"。

(二) 送　餐

第一,在规定时间内送餐。软件表 4.1.4.2 规定:正常情况下,送餐的标准时间为:事先填写好的早餐卡:预订时间 5 分钟内;临时订早餐:25 分钟内;小吃:25 分钟内;中餐或晚餐:40 分钟内。这里的正常情况是指饭店处于常规经营状态,出租率不高于 80%。如遇上大型会议、饭店满房的情况,允许送餐时间在标准规定的基础上略微延后。检查时,可查阅餐饮部送餐记录本,订餐时间、送餐时间等信息应有完整记录,从而可以推算出常规情况下送餐时间是否达到标准要求。

第二,送餐车状况。检查送餐车保持干净,无脏物,无积灰;餐车上应铺台布,两边对角应对齐,台布应能遮盖车脚,并只露出车轮;送餐车应配有保温箱,热的食品放进保温箱内;食品及饮料应用专用盖盖住,以防灰尘。以上如有缺项,软件表 4.1.4.4 不能得"优"。

第三,服务规范程度。敲门(按门铃)用语规范;礼貌友好地问候宾客;征询宾客托盘或手推车放于何处;为宾客摆台、倒酒水、介绍菜名和各种调料,告知餐具回收办法,向宾客致意,祝愿宾客用餐愉快。以上如有缺项,软件表 4.1.4.3、4.1.4.6 不能得"优"。

(三) 收　餐

一般情况下,送餐服务员应在送餐完成前告知宾客餐具回收办法。部分饭店在送餐车上放置回收卡，载明餐具回收程序。检查时，如致电要求回收，10 分钟内应回收完毕。如宾客无要求，客房服务员在每日清洁客房或开夜床时应将送餐车（托盘）撤出。否则，4.1.4.6 不能得分。

3.17　如何检查宴会服务？

星级标准必备项目对四星级、五星级饭店均要求提供宴会服务。五星级饭店还要求宴会服务效果良好。检查时，重点可从以下几个方面把握（中餐宴会为例）：

（一）摆　台

布草：台布、餐巾、椅套熨烫平整；不得有污迹、破损；材质和花色应与餐厅整体装饰风格匹配；主位餐巾花型突出，美观大方；台布下垂均等，台面平整。

餐具：高档材质，成套配置，不得缺损；餐具宜有饭店 VI（Visual Identity）设计；公筷、公勺要区别于就餐者的餐具；碗、碟、杯定位准确，间距合理，方便使用。

装饰：台面中心应有装饰物，整体协调，主题明确，不得用仿真品代替鲜花和绿色植物。

菜单：菜单有 VI 设计，装帧精美；中英文对照，文字准确；摆放位置一致。（两份菜单时，分别摆放在正副主人的筷架右侧）

（二）菜　品

应从菜点的色泽、香气、口味、刀工与成形、火候与质地全面评价其质量，优秀菜品应做到色、香、味、形、质及器的完美结合。特别注意：

用材考究：蔬菜类不允许出现老茎、败叶；鱼、肉类原料确保新鲜。

烹饪特色：烹饪方法和形式要突出特色，在继承传统菜系特征的基础上注重创新，丰富多变。

展示效果：注意菜品装盘，器皿和盘饰要与菜品和谐搭配，注重美观，突出展示性。

（三）服　务

营业时间内，应有迎宾人员主动提供引座服务，使用敬语，态度和蔼，语言亲切；

宾客落座后，及时撤筷套，上茶水、毛巾，夏季用凉毛巾，冬季用热毛巾；

为宾客斟酒水时，应先征求宾客的意见，根据宾客的要求斟酒水饮料，酒水服务动作和流程符合相应规范，席间注意适时主动添加；

上菜介绍菜名，熟悉菜品原料和烹饪方法；

分菜时动作敏捷，手指不能触及食物，分量均匀；

及时撤换骨碟和毛巾，残渣达到1/2时或者在上一些特殊菜（例如螃蟹）后为客人撤换骨碟，高规格宴会中每上一道菜换一次骨碟，注意保持台面整齐。

3.18 厨房应如何检查评分？

（一）必备项目对厨房的要求

星级标准必备条件中，四星级、五星级的厨房要求是一致的："位置合理、布局科学，传菜线路不与非餐饮公共区域交叉。厨房与餐厅之间，采取有效的隔音、隔热和隔气味措施。进出门自动闭合。墙面满铺瓷砖，用防滑材料满铺地面，有地槽。冷菜间、面点间独立分隔，有足够的冷气设备。冷菜间内有空气消毒设施和二次更衣设施。粗加工间与其他操作间隔离，各操作间温度适宜，冷气供给充足。应有必要的冷藏、冷冻设施，生熟食品及半成品分柜置放，有干货仓库。洗碗间位置合理，配有洗碗和消毒设施。应有专门放置临时垃圾的设施并保持其封闭，排污设施（地槽、抽油烟机和排风口等）保持清洁通畅。采取有效的消杀蚊蝇、蟑螂等虫害措施。应有食品化验室或留样送检机制。"（内容解读见标准释义）检查时，要逐项达标，缺一不可。

（二）硬件表中有关厨房的内容

星级标准硬件表中对厨房的要求集中在5.2，检查时可按照如下办法给分。

5.2.1 "应有与餐厅经营面积和菜式相适应的厨房区域（含粗细加工间、面点间、冷菜间、冷库等）"。厨房区域的面积应符合当地的卫生规范。厨房区域面积包括粗细加工间、面点间、冷菜间、冷库、各类食品库房等。不必要求每个厨房都设置粗加工间、冷库和食品库，可统一集中设置。

5.2.2 "为某特定类型餐厅配有专门厨房（每个1分，最多2分）"。这里的特定类型餐厅不包括必备项目中要求的中餐厅、咖啡厅、外国餐厅（西餐厅）。该条款是硬件表 8.2.6 "除必备要求外，有多种风味餐厅" 的配套要求。实际是必备要求之外，风味餐厅的厨房配套要求。

5.2.3 "位置合理、布局科学，传菜线路不与非餐饮公共区域交叉"。厨房应按原料、半成品、成品的顺序予以布局，粗加工、切配烧煮、冷菜制作、面点制作、洗涤消毒、原料贮存布局明确区分，有明显标志；中餐厅宴会包间区域的走道和散座区属于餐饮公共区域，允许传菜经过。如出现传菜经过其他功能区域和公共区域（如客用电梯厅，甚至大堂），该项条款就不能得分。

5.2.4 "冷、热制作间分隔"。五星级饭店必须有独立的冷菜间，并有二次更衣设施。

5.2.5 "配备与厨房相适应的保鲜和冷冻设施，生熟分开"。检查时可留意生熟分开，否则该项不得分。

5.2.6 "粗细加工间分隔"。五星级饭店的必备条件。粗加工间可以与厨房分设。

5.2.7 "洗碗间位置合理"。位置合理是指洗碗间应紧靠收残口。否则该项不得分。

5.2.8 "厨房与餐厅间采用有效的隔音、隔热、隔味措施"。厨房保持空气的负压是根本，自动闭合的门，转折的建筑隔墙或风幕墙是辅助。

5.2.9 "厨房内、灶台上采取有效的通风、排烟措施"。此条款重在考察厨房的生产环境，可在用餐时段实地检查，以热不出汗、烟不呛鼻为准，否则该项不得分。

（三）软件表中有关厨房的要求

6.4.8 "餐具的清洗、消毒、存放符合卫生标准要求，无灰尘、无水渍"。相应的具体要求有：应有与餐饮规模相适应的餐具清洗、消毒设备，专人管理；专人负责消毒，消毒方法、浓度符合卫生标准要求，现场有消毒程序文件，并保证使用者知晓；清洗、消毒效果好，无二次污染；餐具应擦干后才能存放，分类摆放，保洁柜有明显标识。以上要求缺一项扣 1 分。

6.4.9 "食品的加工与贮藏严格做到生、熟分开，操作规范"。重点在于储藏时的生熟分开，可实地检查厨房冰箱或冷库。发现一处生熟混放情况扣一分。

6.4.11 "各类库房温度、湿度适宜，照明、通风设施完备有效，整洁卫生"。

冷藏库（保鲜库）：一般温度控制在 0℃ ~ 4℃，物品分类摆放，整齐且取用方便；定期检查记录温度，定期除霜、清洗。

冷冻库：温度控制在 – 18℃以下；各种食品应挂牌，注明进货日期，先进先用；原料速冻后应先包裹再储存；定期除霜、清洗。

干货库：室温保持 10℃ ~ 15℃，湿度保持在 50% ~ 60%，通风良好；有物品登记卡（内容包括：品名、供应单位、数量、进货日期等）；物品摆放要分类、分库、分架；原料要隔墙离地，离地面至少 25 厘米，离开墙壁至少 10 厘米；不得存放杂物、杀虫剂、有毒有害物品，不得存放清扫器具。

以上要求，每个分号为一项，缺一项扣一分。

3.19 如何把握功能照明、重点照明、氛围照明？

优秀的饭店照明设计可以帮助营造饭店氛围，给宾客更加舒适的感觉，增加停留时间。总的来说，饭店照明设计的目的是让灯光发挥功能性和装饰性的作用。功能照明解决基本照明需求，而重点照明、氛围照明则是照明装饰性的具体表现形式。功能照明是前提，重点照明和氛围照明是补充，如果能做到功能照明、重点照明、氛围照明三者有机结合，和谐统一，那么可以认为该饭店的照明设计具有专业性。

（一）功能照明

功能照明的首要目的是保证基本照度，满足宾客正常活动需要。通俗地说就是"该亮的地方要亮"。检查时，要注意客房写字台的照明情况，应使用功能性台灯而非装饰性台灯，否则很难达到照度要求；客房的主光源（顶灯或槽灯）应使用暖色光灯泡，否则不可谓之"专业设计"；还要注意考察导向系统中标识牌的照明，确保达到清晰的导向效果。

（二）重点照明

光的运用，可多可少，可浓可淡，可以铺张，也可以内敛，但是如果盲目地照亮一切就不可谓"专业设计"。重点照明也称"目的物照明"，是指定向照射某一特殊物体或区域，以引起宾客注意、留下深刻印象的照明方式。它通常被用于强调特定空间区域或陈设，例如：装饰品、艺术品等等。

检查时，可重点考察饭店总服务台、艺术品及挂画、床头、浴缸与淋浴间、恭桶、客房小酒吧等区域，需要注意的是重点照明的灯光应该与建筑和室内设计融为一体，因为需要让宾客感受和看见的不是灯具而是光。如果灯具是后期强加上去的，走线临时，布局凌乱，四处可见，即使达到了重点照明效果，也很难谓之"专业设计"。

（三）氛围照明

所谓氛围照明是指通过光源的亮度、色温、抑扬、虚实、隐现、动静、角度等设计要素，改变人们的视觉感受，从而形成某种特殊效果和情趣的照明形式。优秀的氛围照明可以帮助营造不同功能区域所需要的气氛，展现设计风格，塑造饭店与众不同的个性，提高市场知名度和竞争力。

星级标准硬件表中，前厅（3.6）、客房（4.14.7）、餐饮（5.1.4）区域均要求"专业设计，功能照明、重点照明、氛围照明和谐统一"，如果没有达到上文功能照明、重点照明、氛围照明的相关要求，该档不得分。另外，大宴会厅（8.1.2.9）、水疗（8.2.11.1）提出了"专业灯光设计"。检查时，要留意需要灯光营造氛围区域的照明效果。大宴会厅的氛围灯光应有多场景模式（会议、宴会、婚礼等）；水疗的氛围灯光要营造低调、静谧的效果，切忌光线直射按摩床。否则，该档不得分。

3.20 饭店电梯的检查要点有哪些？

（一）必备要求

星级标准必备项目对五星级要求："3层以上（含3层）建筑物应有数量充足的高质量客用电梯，轿厢装饰高雅，速度合理，通风良好；另备有数量、位置合理的服务电梯"。

无论商务型饭店还是度假型饭店，3层以上（含3层）客用建筑物均要配设客用电梯；

数量充足：一般情况下，可按照以下公式估算：客用电梯数=2＋客房数/100。

速度合理：有关研究显示，人员在狭小封闭空间的平静忍耐时间是45秒，可按照此标准，结合饭店建筑高度确定电梯速度。以下公式供参考：电梯速度 = $(0.3 \sim 0.4)$ $\sqrt{h}$ 楼高。

服务电梯：高层饭店建筑均应专设服务电梯（员工专用）；位置合理是指位置隐蔽，对客房区干扰少，员工使用服务电梯的交通线路不与客用电梯交叉。

（二）硬件评分

3.9.2："性能优良、运行平稳、梯速合理"。出现以下情况要扣分：启动、停止时有失重感，可扣1分；停稳后，电梯厅地面与电梯内地面有高差，可扣1分；正常情况下，等候电梯时间超过40秒，可扣1分；运行时有明显噪声，可扣1分。该项最多扣2分。

3.9.3.1："有一定装饰、照明充足"。照明至少应照亮按键区域和各楼层指示，否则该项不得分。

3.9.3.2："有饭店主要设施楼层指示"。文字指示应出现在相应楼层按键旁边，或电梯门上装饰板。残疾人电梯要有报层音响。

3.9.3.3："有扶手杆"。要保证三边均有扶手杆才能得分。

3.9.3.4："有通风系统"。如无通风系统，轿厢内明显感觉闷热，该项不得分。

3.9.3.6："有残疾人专用按键"。应在轿厢侧面，横向设置，高度1200mm左右。也允许只在普通按键上增加盲文，但较标准按键的高度要低。

3.9.3.8："有抵达行政楼层或豪华套房楼层的专用控制措施"。并非指专用电梯。是指为保证私密性，电梯有通过插入房卡才能到达所在楼层的功能。

3.21 商务中心的检查要点有哪些?

（一）必备要求

星级标准必备项目对五星级要求："应有商务中心，可提供传真、复印、国际长途电话、打字等服务，有可供宾客使用的电脑，并可提供代发信件、手机充电等服务。"检查时，应注意服务项目的完备性，营业时间、服务项目及收费标准应明示。

（二）硬件评分

8.1.6.1："位置合理、方便宾客使用"。通常商务中心应位于前厅较明显位置，易于宾客寻找，有明显的标志。行政楼层的商务服务设施具有专属性，不能满足大部分宾客的需求，故不能在此重复打分。（不能将行政楼层的商务设施作为商务中心使用）

8.1.6.2 "配备完整的办公设施（包括复印机、打印机、传真机、装订机、手机充电器等），提供秘书服务、报刊杂志"。缺一项，扣1分。

秘书服务是指代客进行电脑文字处理工作（录入、排版、打印等），并不包含速记、翻译等服务。

8.1.6.3 "专业设计，材质高档，工艺精致，与整体氛围协调，与饭店规模与档次匹配"。"专业设计"主要体现在商务活动的高效和照顾宾客隐私方面。如设置封闭式电话间，备有电话使用指南、饭店专用笔和便签纸；宾客上网区域相对隔离（与其他区域隔离，相互间也应有隔离措施），保护隐私。否则该条款不得分。

8.1.6.4 "有洽谈室（或出租式办公室）"。至少可供8人开会使用，否则不得分。

8.1.6.5 "有相对独立区域，提供可连接互联网的电脑"。这里指的是可以供宾客使用的电脑。

3.22　紧急出口、逃生通道的检查要点有哪些？

星级标准必备项目对五星级要求："紧急出口标识清楚醒目，位置合理，无障碍物。有符合规范的逃生通道、安全避难场所。"

（一）紧急出口（安全出口）

紧急出口使用的图形符号应符合国家标准《标志用公共信息图形符号》的要求。紧急出口应采用蓄电发光标识，安装位置不与前进方向平行，便于宾客观察。安全出口的净宽度不应小于0.9米。

（二）逃生通道

饭店逃生通道是指在饭店发生突发性事件时，为保证宾客在最短时间内疏散到安全场所和室外所设置的通道，包括走廊、疏散楼梯、出口及其他辅助性设施。其要求是：

第一，饭店逃生通道是保证饭店安全性的必备设施，其设计应严格按照国家消防法规执行。

第二，饭店各功能区域逃生通道应高度关注疏散距离、通道宽度、标识系统、应急照明设施、强排烟装置的设计与建设，并考虑残障人士的需求。

第三，疏散出口门应向外开启，不得上锁；严禁堵塞或占用逃生通道；严禁在逃生通道出口和通道上安装栅栏等影响疏散的障碍物；禁止遮挡疏散指示标识。

（三）安全避难场所

安全避难场所是指饭店自然灾害及突发事件发生时供住店宾客及员工躲避灾难的场所。建筑高度100米以上的饭店应设置避难层（间），净面积应能满足设计避难人员避难的要求。可利用自身绿地、公园、庭院以及周边城市设施形成安全避难场所。原则上，安全避难场所与饭店建筑距离控制在500米范围内。安全避难场所应避开高大建筑、易燃易爆、有毒物品等危险设施，通道顺畅，无障碍物，导向标识完善清晰，配套相应的救助设施。

饭店安全避难场所作为城市安全避难体系的组成部分，应与城市整体规划相适应。

3.23　如何把握饭店配套设施不在主体建筑内又没有封闭通道相连?

硬件表1.3.6："饭店配套设施不在主体建筑内又没有封闭通道相连（度假型饭店除外）。"该条款为扣分项，如出现条款载明的情况应在最后的总得分中扣除5分。应从以下几个方面把握：

（一）该条款的立意

本意是为保障饭店整体的舒适性，方便宾客使用。封闭通道既可保持温湿度与饭店总体一致，又方便宾客不经过露天就可快速到达饭店配套设施。

（二）例外情况

该条款明确对度假型饭店不作要求。度假型饭店通常位于风景区，其产品主要突出自然环境优势，在设计上注重宾客与环境的接触。

对于度假型饭店如何确认的问题，可在硬件表打分完成后，看8.2条款的得分率是否超过70%。8.2是对"休闲度假型旅游饭店设施"的评价，总分为65分。如得分超过46分，即可认为该饭店属度假型饭店。

（三）宾客使用的配套设施

有配套设施在主体建筑之外，没有封闭通道连接。只要饭店明确该设施不供宾客使用，不纳入评星打分范围，可不扣分。

3.24　如何把握先进的楼宇自动控制系统？

星级标准硬件表2.1.3"先进的楼宇自动控制系统（新风/空调监控、供配电与照明监控、给排水系统监控等）"。

楼宇自动控制系统是由中央计算机及各种控制子系统组成的综合性系统，它采用传感技术、计算机和现代通信技术对包括采暖、通风、空调监控，给排水监控等系统实行全自动的综合管理。各子系统之间可以信息互联和联动，为大楼的拥有者、管理者及客户提供最有效的信息服务和一个高效、舒适、便利、安全的环境。

检查时，可到工程部办公室实地观察楼宇自控系统的工作状态。正常运行的楼宇自控系统应能存取有关数据与控制的参数，显示系统运行的数据、图像和曲线，进行系统运行的历史记录及趋势分析等。监控系统中至少应集成暖通空调系统与照明系统两个（含）系统以上，方可得3分。对于尚未集成，独立的监控系统只给1分。

3.25　如何把握信息管理系统的覆盖范围？

星级必备项目检查表对五星级饭店要求："应有运行有效的计算机管理系统，前后台联网……"这里的"前后台联网"是指与对客服务有关的前后台信息通过计算机管理系统自动关联，应做到饭店销售、预订、客房、前台、餐饮等部门共享房态信息。

星级标准硬件表2.2.1对"信息管理系统"的覆盖范围进行了分档。其中第一档要求："全面覆盖前后台，数据关联的饭店专用管理信息系统（前台管理系统、餐厅管理系统、财务管理系统、收益分析系统、人事管理系统、工程管理系统、库房管理系统、采购管理系统等数据流自动化处理并关联)"。

随着信息技术的发展，完备的饭店信息管理系统几乎可以覆盖前后台所有的业务分支。考虑到国内不同地区的发展水平以及鼓励改造升级的需要，如果饭店信息管理系统具备前台、餐厅、财务、库房、人事等五项（含）以上子系统，即可认为是"全面覆盖了饭店前后台"，可得第一档分值。如不满足以上条件，只能得第二档分值。

鼓励饭店通过改造升级，完善收益管理、采购管理、工程管理等更多的功能模块。

检查时，可要求打开饭店管理信息系统主界面，请操作人员现场演示相应的功能模块，确认各功能模块间数据自动关联，操作熟练、运行流畅。尤其注意人事管理和库房管理系统，如不是专业应用软件，而仅仅是一些 Excel 表格，则不能认为是"全面覆盖"。

3.26 如何把握装饰材料的档次？

星级标准硬件表对前厅、客房、餐饮、大宴会厅、商务中心、水疗、健身房等部位均有装饰材质的要求。对不同材质可按照以下尺度把握：

（一）石 材

高档花岗石/大理石：质地优良、花纹均匀，加工及安装技术优良，整体平整光洁，光而不滑，对缝整齐均匀，拼接处无高差，颜色均匀，基本无色差。

优质花岗石/大理石：质地优良、纹理优美，加工及安装技术良好，色差较小，图案、色彩、拼接等有设计，但色泽与对缝稍有不足。

普通花岗石、大理石的品种较为常见，色彩普通，加工与安装技术一般，有一定色差。人造大理石应属此类。

（二）木 材

优质木材：一般是指树种珍稀、材质致密、色泽匀称、纹理美观、基本无色差、变形率小、价格昂贵的木材。如紫檀、红檀、红木、树榴木、花樟、花梨木、酸枣、榆木、楠木、黄菠萝、金丝柚、红影木、白影木、胡桃木、柚木、樱桃木等。

普通木材：一般是指树种常见、材质适中、色差较小、收缩性大、价格一般的木材。如山毛榉、白松、橡木、白木、水曲柳、杉木等。

（三）墙纸（布）

从材质看，高档墙纸有布质和纸质两大类。布质墙纸也称为墙布，而纸质墙纸通常选用优良的纯木浆纸或超强力丝绒纤维等天然材料作为底基材料，表面一般使用 PVC 材料进行覆盖，幅面较宽，通常大于 800mm，伸缩率较小，不分层，不易褪色。

从装饰效果看，高档墙纸表面图案精美，纹理华丽，色彩协调，有艺术品味，与空间功能和环境协调，能够烘托出特定的主题氛围。铺贴工艺精良，无明显接缝痕迹，无色差，不起泡，无翘曲，墙基表面无明显凹凸感。

（四）木地板

优质木地板：采用硬度较高的木材，经过脱水、脱脂、烘干处理等加工技术制造的实木（复合）地板。一般选用名贵树种木材，纹理清晰漂亮，色彩自然大方，漆面光亮有厚度，安装精良，接缝平直，无翘曲，与踢脚线搭配得当、配合紧密。

（五）地　毯

优质地毯应满足以下三个基本条件：

第一，从材质来看，应为纯羊毛地毯、丝质地毯、高品质混纺地毯、长纤尼龙地毯等，上述地毯具有较强的去污、防静电等性能。还应有一个密度要求，每平方英寸 70 结。

第二，从感受来看，地毯精美、图案定制、色调高雅、足感平整有弹性，绒高大于 9mm。

第三，从工艺来看，地毯接缝（含与其他材质接口）应平整密合，对花无视差，无凹凸不平感，接口有处理；底垫的厚度应不小于 1.8mm，弹性良好，不易疲劳；边界挂条处理到位。

3.27　如何把握家具的档次？

星级标准硬件表对前厅、客房、餐饮等部位的家具均采取分档给分。其中第一档"设计专业，材质高档，工艺精致，摆设合理，使用方便、舒适"。

"设计专业"：家具成套配置，款式、色彩、风格、体量与饭店空间氛围协调，尺寸、角度符合人体工程学原理。

"材质高档"：很少有饭店采用纯实木家具，凡是以一定厚度的天然材料为饰面的家具均应视为材质高档。性能和外观均高于天然材料的有些合成材料可认为是高档材质。

"工艺精致"：接缝均匀细密，五金件优良，连接紧固，表面漆膜光亮柔和，手感细腻。

"摆设合理"：以方便宾客使用为前提。充分利用空间，营造舒适、温馨的饭店氛围。

3.28 如何把握灯具的档次？

星级标准硬件表对前厅、餐饮等部位的灯具采取了分档给分：第一档要求："采用高档定制灯具"（该条应展开详细说）。检查时，可按照以下尺度掌握：

第一，定制灯具是依据饭店整体风格，为突出特色，营造独特氛围而专门设计制作的装饰照明灯具。也可以是经过专业设计，用不同灯具的位置、亮度和照明效果组成的灯具群。

第二，普通灯具是指市场批量生产，在一定时期内普遍采用的照明器具。

3.29 如何把握卫生间洁具的档次？

星级标准对客房卫生间洁具采取分档给分，检查时，可按照以下尺度掌握：

（一）恭 桶

高档节水恭桶应满足以下 5 个基本条件：

第一，每次冲洗周期用水量不大于 6L。

第二，虹吸式恭桶出水噪声不超过 55dB，峰值不超过 65dB，除正常水流声外，无抽水声和回气声。

第三，连体式恭桶整体造型优美，触感细腻，釉面光泽度好，工艺精良，色泽悦目，易保洁。

第四，水箱配件质量上乘，闭水严密，注水噪声小，冲洗开关灵敏易用；座圈及盖板形质考究，与恭桶连接稳固，具缓降功能。

第五，安装紧固，收口细致，无渗水，配套管件易检修。

（二）面盆及五金件

高档面盆及配套五金件应满足以下四个基本条件：

第一，面盆和五金件应是统一品牌，否则不谓之"配套"。

第二，采用釉面光泽度好的陶瓷、优质艺术玻璃、优质金属材料，材质细腻，造型优美，工艺精良，色泽悦目，易保洁。

第三，配套五金件与面盆搭配得当，风格同一，档次匹配，光泽度高，手感舒适不生涩，无溅水，关水严密。

第四，符合人体工程学原理，方便易用，安装紧固，与台面间的收口细致，配套管件处理到位。

（三）浴缸与五金件

高档浴缸及配套五金件一般应满足以下基本条件：

第一，特殊设施除外尺寸在 1700×700mm 以上，统一品牌。

第二，缸质为铸铁、优质玻璃、釉面光泽度好的陶瓷等，缸体有一定厚度，触感细腻，造型优美，工艺精良，色泽悦目，防滑，易保洁。

第三，配套五金件与缸体搭配得当，风格同一，档次匹配，光泽度高，手感舒适不生涩，去水关闭严密，排水顺畅。

第四，符合人体工程学原理，方便易用，基座装饰美观，安装紧固，收口细致，配套管件易检修。

3.30 如何把握中心艺术品？

星级标准硬件表 3.7 "整体装饰效果"的第一档要求："色调协调，氛围浓郁，有中心艺术品，感观效果突出"。这一档分值为 4 分，评分的要点是把握饭店前厅的中心艺术品。中心艺术品至少应符合下述的某一项特征。

（一）视觉中心

并非前厅中央的摆设都可以称为中心艺术品。中心艺术品作为前厅视觉中心，必须主题鲜明，具有强烈的视觉冲击力，而且材质、造型、工艺等设计要素要与前厅整体装饰风格相匹配。实地检查时，可感受到其符合饭店室内装饰设计说明（待评饭店应在报告书上载明）中的描述效果。

（二）稀缺珍品

在前厅最醒目位置展示饭店收藏的稀缺珍品。这类艺术品强调其稀缺性，突出其珍贵的收藏价值，可以是古董，也可以是珍贵矿产等。应配有一定的文字说明，供宾客品鉴时参考。

特别要说明的是：艺术插花（常见的是前厅中心的大花篮）只能认为是艺术品装饰，而非中心艺术品。如无法认定中心艺术品，应降低一档计分。

3.31　如何把握"一键式"总控制开关?

星级标准硬件表4.4.2"灯光控制"的第一档要求"各灯具开关位置合理，床头有房间灯光'一键式'总控制开关，标识清晰，方便使用"。该项评分的关键是把握"一键式"总控制开关。

（一）位　置

床头，且标识清晰。从方便宾客使用的角度出发，宜与其他灯光控制开关相对区分（使用独立开关）。

（二）功　能

控制睡房范围内所有照明灯光。

（三）不受控情况

第一，卫生间和套房客厅灯光可不受控制；

第二，客房内用插销通电的灯具可不受控制（落地灯、床头灯、写字台灯）；

第三，床头专用阅读灯可不受控制。

检查时，如没有"一键式"总控制开关，该项第一档不得分。

3.32　如何把握卫生间的水温、水压、水质?

星级标准硬件表4.10.5.2对客房卫生间热水的出水温度提出明确指标："完全打开热水龙头，水温在15s内上升到46℃～51℃，水温稳定。"4.10.5.3对客房卫生间的水压和水质提出明确指标："水流充足（水压为0.2MPa～0.35MPa）、水质良好。"

水温、水压和水质是影响宾客舒适度的重要指标。评定检查时，可按照以下尺度把握：

（一）水　温

在不混合冷水的前提下，打开面盆（也可是浴缸或淋浴）的热水龙头，将手背放在出水口处感知温度，并开始计时。15 秒左右，水温如有明显上升，并略有烫手感觉，即可认为水温达标。

（二）水　压

单一打开热水（冷水也可），将手背放入水流中，如有明显冲击力，即可认为水压达标。

（三）水　质

水质应充分考虑地区差异。但如果出现管道锈迹，或明显异味，则 4.10.5.3 不能得分。

3.33　如何把握餐厅整体装饰设计？

餐厅整体设计的专业性主要体现在以下几个方面：

（一）接待区

应设置餐厅门口，或在电梯间连接餐厅通道的醒目位置。接待区除接待台之外，宜设置一定数量的座椅（沙发）供宾客休息、等待。

（二）宴会单间

餐饮单间宜设备餐间或传菜口，豪华包间宜配有卫生间。宴会单间宜独立命名，呈现一定的装饰主题，地毯、桌布、口布、椅套、餐具应与整体风格搭配协调。

（三）分区设计

中餐厅应有散台区，否则 5.1.1.5 不得分。

（四）家　具

餐厅坐席和餐桌的尺度应参照人体工程学原理设计；坐席间的空间应方便宾客进出；坐席的设计应保证宾客足够的支撑与稳定作用；坐席应使宾客能方便地变换姿势，但须防止滑脱。

（五）照　明

中餐厅应使用暖光源，照明充足；其他餐厅根据装修设计主题，选择适宜的灯光搭配，烘托效果好。餐桌摆放位置应与顶部灯光设计协调对应，忌灯光直射用餐宾客，否则 5.1.4 不能得第一档分。

（六）餐　具

高档材质，突出搭配，宜做到根据菜品搭配不同餐具。保养良好，如有明显缺损，5.1.5 不能得第一档分。

（七）菜　单

装帧精美、保养良好。如出现明显破损、卷曲、污渍，5.1.6 不能得第一档分。

3.34　如何把握"贵宾休息室"？

星级标准硬件表 8.1.2.10 规定"设贵宾休息室，位置合理，并有专用通道进入大宴会厅"。评星时可按照以下原则把握：

（一）位置合理

贵宾休息室是大宴会厅的重要配套，原则上贵宾休息室和大宴会厅应在同一楼层。如不在同一楼层，又没有专用通道，则该项不得分。

（二）专用通道

出于体现尊贵和安保的需要，原则上贵宾休息室应有专用通道与大宴会厅连接，该通道不与其他公共区域交叉，贵宾经由此通道可直接进入大宴会厅，有效排除公共区域的干扰。

另外，贵宾休息室如已得分，则不应计入会议厅（8.1.3）的相关分值。即星级标准中，贵宾休息室仅是大宴会厅的配套，不作为会议厅认定。

3.35　如何把握"品牌化、集团化程度"？

国内品牌饭店是打造我国服务业国家品牌"中国服务"的重要载体。星级标准在打分条款中加入品牌化、集团化程度的指标，目的是引导行业积极开展饭店集团品牌、单体饭店品牌、饭店产品品牌等不同层面的品牌创建活动，培育和壮大一批国内饭店品牌。在合理引进国际知名饭店品牌的同时，要特别注重培育和发展国内饭店品牌。在打造品牌的同时要注重企业文化建设，增强团队凝聚力、完善规范标准、培育核心竞争力，在国内饭店的设计、运营、产品、服务等诸多环节中凸显中国独有的、和谐高雅、细意浓情的中国式的待客文化。评分时，注意把握以下几点：

（一）专业饭店管理公司

"专业饭店管理公司"可从以下几方面认定：一是拥有饭店品牌注册商标的所有权；二是拥有完整、规范的品牌饭店运营标准（不同品牌对应不同标准）；三是有成建制外派管理团队的能力。以上三点同时满足，则可认为是专业饭店管理公司。

（二）特许经营

特许经营通常是有限服务型饭店快速扩张的有效模式。加盟店的数量通常就决定该饭店品牌的知名度。标准中的20家是指特许品牌在我国境内加盟店数量。如该品牌在国际上有很多家加盟店，但刚进入中国市场不久，加盟店不足20家，我们认为该品牌在中国尚处于培育期，该项暂不能得分。

3.36　如何检查管理制度和规范？

在星级标准附录C《饭店运营质量评价表》中，首先评价饭店管理制度与规范。（以下编号与星级标准对应）

1.1.1　规章制度

完备的规章制度应包括但不限于以下内容：

1. 饭店各项政策

2. 岗位架构

3. 授权手册

4. 管理公司运营手册（单体饭店可不作要求）

5. 安全与损失控制

6. 设备档案

7. 卫生制度

8. 员工医疗制度

星评检查时，可重点查阅上述档案资料，要注意各项政策的时效性，并不赞同有些企业将各类政策汇编成书后"束之高阁"的做法。饭店企业应根据实际情况的变化，及时对各项政策进行修订，并保持可追溯的修订记录。

1.1.2　操作程序

完备的操作程序应包括但不限于以下内容：

1. 客房部操作规程：公共区域，洗衣房，制服室，失物管理，客用品中心等

2. 前厅部操作规程：礼宾，总机，行政楼层，预订，前台接待，问讯等

3. 餐饮部操作规程：中餐厅、西餐厅，咖啡厅，酒吧或茶室，厨房，管事部等

4. 工程部操作规程：强弱电，水暖通，房修，机修，空调，电梯等

5. 保安部操作规程：内保，警卫，FCC/CCTV（消防控制中心，中央电视监控），门卫等

6. 财务部操作规程：应收，应付，总账，日审夜审，收银，成本，采购，电脑等

7. 市场部操作规程：（预订），收益管理，客房销售，宴会销售，公关等

8. 人力资源部操作规程：招聘，培训，人事，员工事务等

检查时，可重点查看上述程序文件，并考察基层员工对相关操作程序的掌握程度。

1.1.3　服务规范

在星级标准附录C《饭店运营质量评价表》中第2、3、4、5部分已经分别列明了饭店主要产品的基础服务规范。鼓励饭店企业以附录C中的内容为蓝本，结合市场实际情况，制定更加具体、详细的服务规范。

服务规范是饭店产品质量的基础保障。该项条款检查时，还需注重对饭店质量管理体系的考察，应有质量监控、反馈、分析、整改、跟踪的制度设计。可查阅值班经理的《值班记录》，验证某一特定质量问题（如宾客投诉）的解决过程是否符合饭店质量管理体系的要求。

3.37　如何检查员工素养?

在星级标准附录 C《饭店运营质量评价表》中第 1.2 条对员工素养提出明确要求。归纳而言,应在以下三个方面重点关注:

（一）外在素养

外在素养主要通过员工仪容仪表、工作制服等表现。可重点观察饭店员工制服和名牌设计,高星级饭店的员工制服已呈现出明显的系列化、特色化、专属化趋势,对于缺乏岗位特色,"千篇一律"的黑色西装制服,过时的"工号牌",则难以在该项条款上拿到"优"。

（二）内在素养

员工的内在素养需要通过充分的培训、必要的考核、专业知识技能、长期的经验积累养成。出于客观性的需要,员工的内在素养往往需要检查员站在普通住店宾客的角度去考察。检查时,要观察各级员工在常态服务中体现出的内在职业素养。应变能力是内在素养的集中体现,可以通过不暴露真实身份的暗访检查,设置若干特殊情景,来考察员工的应变能力。在处置各类情境时,员工应对自如,始终微笑,不卑不亢,充满自信。给检查员的感受是问题迅速有效得到解决,同时还看到员工礼貌热情有专业水准的服务。饭店特殊情景,参见题库。[①]

（三）团队意识

团队意识往往能在特殊情境中体现出来。检查员要注意观察。如咖啡厅在早餐高峰期,用餐宾客人数超出正常水平,咖啡厅服务员出现人手不足的情况下,餐饮部乃至饭店所有在班人员不论其职级和所在部门,在合理安排好本职工作的前提下,均应予以支援,以保证为宾客提供及时、有效的服务。在一些优秀饭店,如遇到用餐高峰、入住高峰等情况下,不难看到饭店高层管理人员冲到一线与普通员工一道为宾客提供服务。因为所有饭店员工,不论其职级和部门的差异,始终应同属于一个服务团队,以确保为宾客提供及

[①]《星级饭店访查规范饭店特殊情景题库》全国旅游星级饭店评定委员会办公室编。北京:中国旅游出版社,2007.6

时且优质的服务。

3.38 星评报告书填写和使用有哪些注意事项？

《中国星级饭店评定报告书》（以下简称"报告书"）是星评工作重要的基础资料。待评饭店应认真填写，各级星评机构应妥善保存使用。

（一）申请报告（第1～8页，由待评饭店填写）

1. 饭店名称：应与饭店公章或业主公司公章一致。

2. 饭店照片：应使用白天外观全景照片，不得使用模型或效果图。

3. 所有者（股东）：可另附表（图）说明。

4. 归属情况：非国有企业可不填。

5. 投资情况：装修改造投资选近年投入规模最大的三次填写。

6. 建筑情况：绿化面积是指饭店建筑红线内的绿化面积，可包括庭院、花园、屋顶花园等。

7. 经营管理情况：承包者可为公司法人，也可为自然人。

8. 经营者资格：高级管理职位是指总监（Director）级（含）以上；饭店管理专业教育可为学历教育，也可为非学历培训。

9. 饭店员工总数：是指签订正式劳动合同的员工数目，截止日期是上一年末。

10. 饭店建筑设计和装修设计主题说明：应另附页详细说明，并有建筑设计单位、装修设计单位盖章（签名）确认。

11. 客房面积：指使用面积。

12. 探头覆盖率（覆盖率 = 探头可覆盖的公共分区数/饭店公共分区总数×100%）

（二）报告书使用（五星级为例）

1. 评星前

饭店申请评星前，应主动向省级（地、市）星评机构索取报告书并认真填写申请报告（第1～8页）。完成标准硬件表（附录B）的自评分，计入"地（市）机构记分栏"。

待评饭店应首先向地（市）级星评机构提交报告书。地（市）级星评机构在核实申请报告内容后，上报省级星评机构。地（市）级星评机构无权开展星评检查。

省级星评机构在收到报告书后，应在一个月内安排专家（原则上应是本省的国家级星评员）实地考察申报饭店，确认必备项目情况，并核实饭店标准硬件表的自评分后，填写"省级机构记分栏"。软件表空白，留待全国星评委正式检查后填写。

省级星评委向全国星评委正式报送的报告书文本，应在末尾《评定总表》"地方旅游星级饭店评定委员会意见"处盖章，一式两份，连同省旅游局（委）（星评委）正式推荐文件，一并上报。

2. 评星时

报告书中有关评分标准的所有内容应由全国星评委委派的国家级星评员独立、保密完成。待评饭店和地方星评机构不得以代填分值、帮助核分为由接触报告书。国家级星评员不得向待评饭店和地方星评机构透露具体打分情况。检查结束后，国家级星评员应在报告书末尾《评定总表》"星评员签字"栏中签字，并连同《星评报告》报送全国星评委办公室，一式两份。

3. 评星后

作为星评重要基础材料，报告书在星评工作结束后，至少保留 10 年时间，全国星评委和省级星评机构各留一份。

3.39　星评员的工作纪律有哪些?

《星评员章程》对星评员的工作纪律有明确要求。近年来，为保证星评工作的公正、公开、公平，全国星评委对国家级星评员制订了"十不准"要求：

1. 不准收受饭店赠送的现金、有价证券（卡）、纪念品或礼物。

2. 不准对饭店提出检查项目之外的额外要求，或出现酗酒等影响星评员形象的行为。

3. 不准降低星级饭店检查标准和简化星级饭店检查评定程序，或以自己的好恶来随意解释和评判星级标准。

4. 不准向地方星评机构和受评饭店就饭店是否通过评定发表意见。

5. 不准接受饭店所在地政府和旅游部门，以及受评饭店安排的店外宴请。

6. 不准带随从、助手等其他人员一同参与星评工作或代替星评工作。

7. 不准在暗访检查中以任何方式向地方星评机构、饭店及其他相关人员泄露自己的真实身份、行程安排和检查情况。

8. 不准请饭店或地方星评机构代为评定打分、撰写和邮寄检查报告。

9. 不准以辅导、咨询、培训、管理等名义向饭店推荐或洽谈与星评工作无关的业务事宜，或向饭店打听与星评工作无关的商业秘密。

10. 不准要求、暗示和接受地方星评机构与受评饭店安排与星评工作无关的旅游及其他休闲娱乐活动。

欢迎业界对星评员的工作进行监督，如有违规行为，一经查实，全国星评委将取消当事人国家级星评员资格，并进行通报。情节严重的，移交相关部门处理。

3.40 省级星评委如何写推荐五星级饭店报告?

格式：应使用"＊＊省旅游星级饭店评定委员会"专用文头纸，盖"＊＊省旅游星级饭店评定委员会"公章［也可用省级旅游局（委）代章］

标题：应统一为："关于推荐＊＊饭店评定五星级旅游饭店的报告"

内容：

第一段：饭店概况（地理位置，投资方、管理方，发展历程等）

第二段：饭店设施设备和经营管理简介（建筑规模、客房种类和数量、餐厅种类和数量、特色设施、经营特色、近年来经营业绩等）

第三段：饭店"创星"工作简介（提升改造、员工培训、标准自评分情况等）

第四段：应统一为："经研究，＊＊饭店基本符合五星级饭店的推荐条件，＊＊省星评委决定推荐＊＊饭店评定五星级旅游饭店。专此报告。"

3.41 省级星评委如何做好五星级饭店评定工作?

（一）星级评定前

省级星评委应制订某时期内本省旅游饭店总体发展规划，对各档次星级饭店的数量和结构要有前瞻性的分析与规划，定期发布星级饭店行业经营数据，主动引导行业投资，为星级饭店投资项目提供咨询服务，争取在星级饭店投资项目审批程序中的话语权。

积极掌握本省待建、在建高规格饭店项目信息，对有评星意愿的企业应积极接触，热情提供相关信息咨询。

（二）星级评定时

省级星评机构在收到企业报告书后，应在一个月内安排专家（原则上应是本省的国家级星评员）实地考察待评饭店，核实必备项目情况，并指导饭店完成标准硬件表的自评分（填入"省级机构记分栏"）。在确认企业符合推荐条件后，正式向全国星评委推荐报告。

全国星评委委派国家级星评员进行星评检查时，省级星评机构应派业务骨干全程陪同，主持"情况说明会"，协调待评饭店，为星评工作创造便利条件。

星评检查时，省级星评机构应督促待评饭店共同遵守以下"十不准"原则：

1. 不准提供与饭店星级评定相关的虚假信息。

2. 不准向星评员提出或暗示降低星级标准、简化检查程序的要求。

3. 不准以评审费、专家咨询费等任何名义向星评员支付现金、赠送有价证券（卡）和礼物。

4. 不准举办针对星评员的专门的欢迎仪式（设置横幅和标牌、鲜花等）。

5. 不准超规格安排星评员住房（只按一个标准房和一个普通套房安排房间），或在星评员的房间内做超常布置或放置超常规客用品。

6. 不准为星评员安排店外宴请。

7. 不准为星评员谋取私利提供便利。

8. 不准为星评员专门安排与星评工作无关的游览活动。

9. 不准以任何方式打听暗访检查星评员的姓名、行程安排和检查情况。

10. 不准代替星评员评定打分、撰写和邮寄检查报告。

（三）星级评定后

督促饭店及时落实星评整改事项，确认完成后，及时向全国星评委报告。

每年派专家（原则上应为本省的国家级星评员）对辖区内五星级饭店进行访查（明察或暗访），督促饭店保持五星级标准要求。对严重不达标的饭店，或饭店发生重大安全责任事故时，要及时报告全国星评委，并配合做好处理工作。

配合全国星评委做好辖区内五星级饭店满三年期评定性复核工作。

3.42 待评饭店如何迎检?

首先，待评饭店从管理层到普通员工都应以"平常心"面对星评检查，严格遵守"十不准"规定，保持饭店运营管理的常态即可。应注意以下几个环节：

（一）星评员食宿安排

原则上，按一个标准客房和一个普通套房安排星评员住房。不得安排三开间（含）以上的豪华套房。如饭店设行政楼层，可安排一间行政楼层客房。

检查期间，可安排一次店内宴会供星评员考察宴会设施及服务，其余餐食安排尊重星评员意愿，以零点和自助餐为主。

（二）星评情况说明会

星评情况说明会应准备好书面材料，宜用幻灯片配合演示，内容重在展示饭店设备设施、经营状况和"创星"工作，不宜过多介绍重要接待和大型活动情况。

（三）实地检查

星评员实地检查时，各部门负责人应各就各位，在本部门、本岗位迎接检查。饭店全程陪同人员应控制在 3 人以内，并注意对星评员的现场点评做好记录。不应"大队人马"、"前呼后拥"。

星评员可能会询问各级员工有关情况，回答提问时应不卑不亢，实事求是，展现正常工作状态。不必过分紧张，切忌弄虚作假。

（四）及时反馈整改工作

饭店应结合实际认真分析星评反馈会上提出的整改意见，制订星评整改工作表，明确责任人和完成时间。因客观原因，无法短期内完成的整改项目要做详细说明。及时向省级星评委反馈整改工作进度。

3.43 星评检查报告的主要内容有哪些?

星评检查报告由星评员负责撰写，并专报给相应的星评机构，是星评检查工作的书面结论，对星评最终结果有重要参考价值，是星评工作的重要文件。一般应有如下主要内容：

（一）工作概况

说明星评小组人员组成、检查日期和检查依据。

（二）饭店基本情况

饭店建筑规模、投资情况、投资者及管理者情况、历史沿革、服务项目及功能、经营状况和特点等。

（三）对照标准检查情况

必备项目达标情况；附录 B、附录 C 的打分情况；指出对照标准尚有差距的问题，应归纳整理，可适当举例，并提出整改建议。

（四）结 论

就饭店是否达标提出明确结论，可对饭店下一步"创星"工作提出建议。结尾需要星评员签名。

需要注意的是：星评报告一定要由星评员本人撰写并寄送全国星评委。不允许省级星评机构（待评饭店）代拟、代寄。

3.44 如何开好"情况说明会"？

情况说明会是星评员抵店后正式开始星评工作的第一个环节。召开情况说明会的目的是通过待评饭店的汇报和省级星评委的有关说明初步了解饭店概况和"创星"工作情况。通常情况下，应按照如下要求和程序开好情况说明会：

（一）主 持

省级星评委负责人。

（二）参与人员

国家级星评员、待评饭店管理层、省级星评委负责人、地（市）星评委负责人等。应争取饭店业主代表参加。

（三）时 间

应在星评员实地检查之前进行，时长控制在 30 分钟左右。

（四）主要议程

1. 主持人介绍参会人员。

2. 待评饭店介绍饭店概况和"创星"工作情况。应准备书面材料，宜采用幻灯片演示。

3. 省级、地（市）星评委补充说明。重在说明省、市两级星评机构指导待评饭店"创星"工作情况，以及相应整改事项落实情况。

4. 国家级星评员发言，重申星评工作主要程序和纪律要求，对于实地检查步骤和流程提出要求。可对星评工作需要了解的事项提问。

3.45 如何开好"星评反馈会"？

星评反馈会是星评员结束实地评星工作前的最后一个环节。召开星评反馈会的目的是将星评员在实地检查后的意见和建议反馈给待评饭店，帮助企业明确不足，确定努力方向。会前，两位国家级星评员应充分沟通，协商一致。通常情况下，应按照如下要求和程序开好星评反馈会：

（一）主　持

省级星评委负责人。

（二）参与人员

国家级星评员、待评饭店管理层、省级星评委负责人、地（市）星评委负责人等。应争取饭店业主代表参加。

（三）时　间

应在星评员实地检查结束后，星评员离店前进行，时长控制在 60 分钟左右。

（四）议　程

1. 主持人开场白：说明会议目的，并请待评饭店做好会议纪要和全程录像。

2. 国家星评员反馈实地检查意见：两位国家级星评员发言内容应各有侧重，避免重复。反馈意见应对照标准要求，结合待评饭店实际，具有操作性。切忌理论化、空泛化。某些细节的处理建议要注意与星级标准吻合，切忌主观臆断。注意不得透露具体打分分值，更不能承诺或宣布饭店通过五星级饭店评定。

3. 待评饭店表态：饭店管理层应表态根据此次检查发现的不足尽快整改，争取早日完善；业主代表应表态继续给予评星整改工作支持。

4. 省级星评委表态：继续协调、督促待评饭店整改达标。

会议结束后，待评饭店应及时将星评反馈会的会议纪要和全程录像按要求寄往全国星评委办公室留档备查。

3.46　如何开展暗访检查？

暗访目的：为加强对饭店星级评定工作的监督，国家旅游局有组织有计划地以暗访方式对星级饭店或者正在申报星级的饭店进行检查。未经国家旅游局授权，各级星评机构和星评员不得随意实施对星级饭店的暗访工作。

暗访人员：通常情况下，五星级饭店的暗访工作由国家级星评监管员承担。国家级星评监管员由国家旅游局负责选聘和委派，名单保密。

暗访形式：每次暗访检查由一到两名星评监管员承担。星评监管员以普通住店客人的身份入住饭店，全程不对外暴露真实身份，暗访费用由国家旅游局承担。

暗访时间：一般情况下，星评监管员在店停留时间须达到 24～36 小时，如需要，可延长至 48 小时。

暗访依据：

1. 《旅游饭店星级的划分与评定》（GB/T 14308—2010）；

2. 《星级饭店访查规范》（LB/T 006—2006）。

暗访结果：暗访检查结束后，星评监管员应向国家旅游局提交一份有本人签名的书面检查报告，如有必要，还需提供相关照片、录音等资料。暗访报告作为国家旅游局对该饭店进行星级评定（复核）的重要依据。

3.47　暗访检查的重点有哪些？

（一）各区域的硬件档次匹配和各功能区位划分合理程度；

（二）饭店前厅、客房、餐饮三大核心区域的舒适度感受；

（三）饭店设施设备清洁卫生、维护保养情况，使用方便程度；

（四）饭店前厅、客房、餐饮各主要服务项目的质量达标程度；

（五）饭店员工的服务态度、服务意识、业务能力和应变能力；

（六）饭店安全设施、安全措施及应急管理的达标程度。

暗访时，星评监管员也可根据受检饭店服务产品与服务类型的差异，设置相应的特殊情境实施服务与质量的考察，同时应注意避免评价的主观性。

3.48　暗访检查报告的主要内容有哪些?

(一) 总体印象

客观真实地反映饭店设施、服务和管理方面的总体印象。

(二) 分项感受

应从前厅、客房、餐饮、会议康乐、公共区域、员工等方面分别说明。

(三) 存在问题

应从设施设备、清洁卫生、服务、管理等方面列举。

(四) 整改意见

应分条列举，有理有据，意见明确。这一部分内容可能将由国家旅游局监督管理司通过省级旅游管理部门反馈给受检饭店。

(五) 暗访结论

明确受检饭店是否符合星级标准要求，并提出相关的处理意见。

(六) 补充材料

对饭店存在的一些突出问题，应有照片和详细文字记录（写明时间、地点、场景、人物等内容）作为证明材料。

3.49　如何开展星级复核工作?

星级复核工作是加强星级饭店后续管理，促进饭店行业素质提升的重要手段。星级复核工作分为年度复核、评定性复核、随机复核三类。通常情况下，应遵循如下规定和要求:

(一) 年度复核

年度复核工作由省级星评委组织落实。侧重管理水平、服务质量等"软件"的检查。形式可以灵活多样，既可以派本省专家明察暗访，也可以协调邻近省份，尝试跨省交叉复核，互相促进提高。省级星评委应向全国星评委报告本省年度复核情况。

(二) 评定性复核

对评定星级满三年的饭店应实施评定性复核。评定性复核由全国星评委负责组织，工作程序和评定星级一致，提倡星评员采取明察与暗访相结合的方式。评定性复核工作结束后，星评员应向全国星评委提交《评定性复核报告》，全国星评委应向全国通报评定性复核结论，省级星评委负责督促落实受检饭店的后续整改工作，并及时反馈相关信息。

（三）随机复核

国家旅游局每年可视情况随机抽取若干五星级饭店，派出星评监管员进行复核检查，形式以全程暗访为主，结果向相关省级星评委通报。随机复核结果严重不达标的饭店，可取消其星级。复核办法，详见附录。

3.50 如何处置复核不达标饭店？

（一）以下情形应给予"限期整改"

附录 A "必备项目检查表"达标，但附录 B "设施设备评分表"得分低于 420 分但高于 380 分，或附录 C "饭店运营质量评价表"得分率低于 85% 但高于 75%。

整改期限原则上不能超过一年。

（二）以下情形应给予"取消星级"

（1）"必备项目检查表"不达标；（2）"必备项目检查表"达标，但附录 B "设施设备评分表"得分低于 380 分；（3）"必备项目检查表"达标，但附录 C "饭店运营质量评价表"得分率低于 75%；（4）发生重大事故，或遭遇重大投诉事件并被查实，造成恶劣影响；（5）停止饭店经营业务或停业装修改造一年以上。

被取消星级的饭店，自取消星级之日起一年后，方可重新申请星级评定。

复核处理办法详见附录。

3.51 星级饭店如何填报统计报表？

《旅游统计调查制度》是由国家旅游局制定，国家统计局批准的具有法律效力的规范性文件。该制度根据《统计法》及其实施细则和《旅游统计管理办法》的有关规定而制定，是我国国民经济和社会发展统计体系的组成部分。星级饭店企业有责任、有义务如实、及时填报该制度规定以下统计表单。

（一）旅统基1表：旅游单位基本情况（年报）

（二）旅统基6表：星级饭店住宿接待情况（月报）

（三）旅统基7表：星级饭店财务状况（季报/年报）

工作平台：企业数据填报和各级旅游部门审核通过计算机应用软件——"星级饭店统计管理系统"实现。国家旅游局官方网站可链接进入"星级饭店统计管理系统"。

时效要求：年报数据要在次年4月15日前报送，季度数据要在季后25日报送，月报数据要在月后15日内报送。

数据审核：原则上采取由下往上逐级审核，省局负责终审。如下级旅游部门客观条件不具备，可由上级旅游部门代审。

数据使用：国家旅游局按时发布全国星级饭店月报、季报和年报数据；各级旅游部门可通过"星级饭店统计管理系统"享有辖区内星级饭店统计数据的浏览、审核、汇总、分析等权限。

3.52 如何打击假冒星级？

旅游饭店星级标志（"五角星"与"长城"的图案组合）已在国家工商行政管理总局商标局注册成为证明商标，受《商标法》保护。

通过星级评定的旅游饭店，取得星级标牌和证书，即成为该商标的"被许可使用人"，有权在其饭店的广告和各类宣传品上使用相应的星级标志。

未经相应星级评定机构认定的饭店如在其广告和各类宣传品上使用星级标志（通常称之为"假冒星级"）误导公众的，应视为侵权行为。

已经被星级评定机构公告"取消星级"的饭店，不能继续使用星级标志。否则，应视为侵权行为。

星级标志的有效使用期限为3年，超过期限，未通过评定性复核程序的饭店不能继续使用星级标志。否则，应视为侵权。

根据《中华人民共和国商标法实施条例》第五十二条规定：对侵犯注册商标专用权的行为，罚款数额为非法经营额3倍以下；非法经营额无法计算的，罚款数额为 10 万元以下。

对侵犯星级标志注册商标专用权的行为，任何人可以向工商行政管理部门投诉或者举报。各级旅游部门可以协调当地工商行政部门开展针对"假冒星级"的联合检查行动，净化旅游饭店市场环境。

3.53 星评工作出现争议怎么办？

全国旅游星级饭店评定委员会特设专家委员会，对星评工作中出现的以下争议事项，行使仲裁职能。

（一）受检饭店对星级评定或复核结果有异议，能提供证据表明星级评定或复核工作存在不客观、不规范和不公正的争议；

（二）星评员与星评监督员对同一家饭店星级评定或复核结果出现不一致的争议；

（三）饭店已通过星级评定或复核，但存在弄虚作假或在社会上产生较大歧义与不良反响的争议。

专家委员会由业内资深专业人士组成，兼顾不同地域和从业背景。

专家委员会可采取明察、暗访、会议、访谈、辩论、听证等多种方式对星评争议事项进行调查取证。

调查取证的主要内容及材料有：饭店星级检查评定与复核过程的规范性、国家级星评员检查报告客观性、星级评定检查反馈会原始记录材料的真实性、依据《旅游饭店星级的划分及评定》（GB/T 14308—2010）打分的准确性、争议双方主要意见分歧及其产生的原因、相关部门意见和主要证人证词等。

专家委员会在调查研究后，在规定的时间内，对争议事项作出决议，形成裁决书，相关当事人按照裁决结果执行。

ICS 03. 200
A12

中华人民共和国国家标准

GB/T 14308—2010
代替 GB/T 14308—2003

旅游饭店星级的划分与评定

Classification & Accreditation for Star-rated Tourist Hotels

2010 – 10 – 18 发布

2011 – 01 – 01 实施

中华人民共和国国家质量监督检验检疫总局
中国国家标准化管理委员会
发布

前　言

本标准代替 GB/T 14308—2003 旅游饭店星级的划分与评定。

本标准与 GB/T 14308—2003 相比，主要技术内容变化如下：

a）增加了对国家标准 GB/T 16766、GB/T 15566.8 的引用

b）更加注重饭店核心产品，弱化配套设施

c）将一、二、三星级饭店定位为有限服务饭店

d）突出绿色环保的要求

e）强化安全管理要求，将应急预案列入各星级的必备条件

f）提高饭店服务质量评价的操作性

g）增加例外条款，引导特色经营

h）保留白金五星级的概念，其具体标准与评定办法将另行制订。

本标准的附录 A、附录 B、附录 C 均为规范性附录。

本标准由国家旅游局提出。

本标准由全国旅游标准化技术委员会归口。

本标准起草单位：国家旅游局监督管理司。

本标准主要起草人：李任芷、刘士军、余昌国、贺静、鲁凯麟、刘锦宏、徐锦祉、辛涛、张润钢、王建平。

本标准所代替标准的历次版本发布情况为：

——GB/T 14308—1993

——GB/T 14308—1997

——GB/T 14308—2003

旅游饭店星级的划分与评定

1　范　　围

本标准规定了旅游饭店星级的划分条件、服务质量和运营规范要求。

本标准适用于正式营业的各种旅游饭店。

2　规范性引用文件

下列文件对于本文件的应用是必不可少的。凡是注日期的引用文件，仅注日期的版本适用于本文件，凡是不注日期的引用文件，其最新版本（包括所有的修改单）适用于本文件。

GB/T 16766 旅游业基础术语

GB/T 10001.1 标志用公共信息图形符号　第1部分：通用符号

GB/T 10001.2 标志用公共信息图形符号　第2部分：旅游设施与服务符号

GB/T 10001.4 标志用公共信息图形符号　第4部分：运动健身符号

GB/T 10001.9 标志用公共信息图形符号　第9部分：无障碍设施符号

GB/T 15566.8 公共信息导向系统设置原则与要求　第8部分：宾馆和饭店

3　术语和定义

下列术语和定义适用于本标准。

旅游饭店 tourist hotel

以间（套）夜为单位出租客房，以住宿服务为主，并提供商务、会议、休闲、度假等相应服务的住宿设施，按不同习惯可能也被称为宾馆、酒店、旅馆、旅社、宾舍、度假村、俱乐部、大厦、中心等。

4　星级划分及标志

4.1　用星的数量和颜色表示旅游饭店的星级。旅游饭店星级分为五个级别，即一星级、二星级、三星级、四星级、五星级（含白金五星级）。最低为一星级，最高为五星级。星级越高，表示饭店的等级越高。（为方便行文，"星级旅游饭店"简称为"星级饭店"）

4.2　星级标志由长城与五角星图案构成，用一颗五角星表示一星级，两颗五角星表示二星级，三颗五角星表示三星级，四颗五角星表示四星级，五颗五角星表示五星级，五颗白金五角星表示白金五星级。

5　总　则

5.1　星级饭店的建筑、附属设施设备、服务项目和运行管理应符合国家现行的安全、消防、卫生、环境保护、劳动合同等有关法律、法规和标准的规定与要求。

5.2　各星级划分的基本条件见附录A，各星级饭店应逐项达标。

5.3　星级饭店设备设施的位置、结构、数量、面积、功能、材质、设计、装饰等评价标准见附录B。

5.4　星级饭店的服务质量、清洁卫生、维护保养等评价标准见附录C。

5.5　一星级、二星级、三星级饭店是有限服务饭店，评定星级时应对饭店住宿产品进行重点评价；四星级和五星级（含白金五星级）饭店是完全服务饭店，评定星级时应对饭店产品进行全面评价。

5.6　倡导绿色设计、清洁生产、节能减排、绿色消费的理念。

5.7　星级饭店应增强突发事件应急处置能力，突发事件处置的应急预案应作为各星级饭店的必备条件。评定星级后，如饭店营运中发生重大安全责任事故，所属星级将被立即取消，相应星级标志不能继续使用。

5.8　评定星级时不应因为某一区域所有权或经营权的分离，或因为建筑物的分隔而区别对待，饭店内所有区域应达到同一星级的质量标准和管理要求。

5.9　饭店开业一年后可申请评定星级，经相应星级评定机构评定后，星级标志有效期为三年。三年期满后应进行重新评定。

6　各星级划分条件

6.1　必备条件

6.1.1　必备项目检查表规定了各星级应具备的硬件设施和服务项目。评定检查时，逐项打"√"确认达标后，再进入后续打分程序。

6.1.2　一星级必备项目见表 A.1；二星级必备项目见表 A.2；三星级必备项目见表 A.3；四星级必备项目见表 A.4；五星级必备项目见表 A.5。

6.2　设施设备

6.2.1　设施设备的要求见附录 B。总分 600 分。

6.2.2　一星级、二星级饭店不作要求，三星级、四星级、五星级饭店规定最低得分线：三星级 220 分，四星级 320 分，五星级 420 分。

6.3　饭店运营质量

6.3.1　饭店运营质量的要求见附录 C。总分 600 分。

6.3.2　饭店运营质量的评价内容分为总体要求、前厅、客房、餐饮、其他、公共及后台区域等 6 个大项。评分时按"优"、"良"、"中"、"差"打分并计算得分率。公式为：得分率 = 该项实际得分/该项标准总分 × 100%。

6.3.3　一星级、二星级饭店不作要求。三星级、四星级、五星级饭店规定最低得分率：三星级 70%，四星级 80%，五星级 85%。

6.3.4　如饭店不具备表 C.1 中带"＊"的项目，统计得分率时应在分母中去掉该项分值。

7　服务质量总体要求

7.1　服务基本原则

7.1.1　对宾客礼貌、热情、亲切、友好，一视同仁。

7.1.2　密切关注并尽量满足宾客的需求，高效率地完成对客服务。

7.1.3　遵守国家法律法规，保护宾客的合法权益。

7.1.4　尊重宾客的信仰与风俗习惯，不损害民族尊严。

7.2 服务基本要求

7.2.1 员工仪容仪表应达到：

a）遵守饭店的仪容仪表规范，端庄、大方、整洁；

b）着工装、佩工牌上岗；

c）服务过程中表情自然、亲切、热情适度，提倡微笑服务。

7.2.2 员工言行举止应达到：

a）语言文明、简洁、清晰，符合礼仪规范；

b）站、坐、行姿符合各岗位的规范与要求，主动服务，有职业风范；

c）以协调适宜的自然语言和身体语言对客服务，使宾客感到尊重舒适；

d）对宾客提出的问题应予耐心解释，不推诿和应付。

7.2.3 员工业务能力与技能应达到掌握相应的业务知识和服务技能，并能熟练运用。

8 管理要求

8.1 应有员工手册。

8.2 应有饭店组织机构图和部门组织机构图。

8.3 应有完善的规章制度、服务标准、管理规范和操作程序。一项完整的饭店管理规范包括规范的名称、目的、管理职责、项目运作规程（具体包括执行层级、管理对象、方式与频率、管理工作内容）、管理分工、管理程序与考核指标等项目。各项管理规范应适时更新，并保留更新记录。

8.4 应有完善的部门化运作规范。包括管理人员岗位工作说明书，管理人员工作关系表，管理人员工作项目核检表，专门的质量管理文件、工作用表和质量管理记录等内容。

8.5 应有服务和专业技术人员岗位工作说明书，对服务和专业技术人员的岗位要求、任职条件、班次、接受指令与协调渠道、主要工作职责等内容进行书面说明。

8.6 应有服务项目、程序与标准说明书，对每一个服务项目完成的目标、为完成该目标所需要经过的程序，以及各个程序的质量标准进行说明。

8.7 对国家和地方主管部门和强制性标准所要求的特定岗位的技术工作如

锅炉、强弱电、消防、食品加工与制作等，应有相应的工作技术标准的书面说明，相应岗位的从业人员应知晓并熟练操作。

8.8　应有其他可以证明饭店质量管理水平的证书或文件。

9　安全管理要求

9.1　星级饭店应取得消防等方面的安全许可，确保消防设施的完好和有效运行。

9.2　水、电、气、油、压力容器、管线等设施设备应安全有效运行。

9.3　应严格执行安全管理防控制度，确保安全监控设备的有效运行及人员的责任到位。

9.4　应注重食品加工流程的卫生管理，保证食品安全。

9.5　应制订和完善地震、火灾、食品卫生、公共卫生、治安事件、设施设备突发故障等各项突发事件应急预案。

10　其　他

对于以住宿为主营业务，建筑与装修风格独特，拥有独特客户群体，管理和服务特色鲜明，且业内知名度较高旅游饭店的星级评定，可参照五星级的要求。

附 录 A

（规范性附录）

必备项目检查表

表 A.1 给出了一星级饭店必备项目检查表

表 A.2 给出了二星级饭店必备项目检查表

表 A.3 给出了三星级饭店必备项目检查表

表 A.4 给出了四星级饭店必备项目检查表

表 A.5 给出了五星级饭店必备项目检查表

表 A.1　一星级饭店必备项目检查表

序号	项 目	是否达标
1	一般要求	
1.1	建筑物结构完好,功能布局基本合理,方便宾客在饭店内活动	
1.2	应有适应所在地气候的采暖、制冷设备,各区域通风良好	
1.3	各种指示用和服务用文字应至少用规范的中文及第二种文字同时表示,导向系统的设置和公共信息图形符号应符合 GB/ T 15566.8 和 GB/T 10001.1、GB/T 10001.2、GB/T 10001.4、GB/T 10001.9 的规定	
1.4	应有至少 15 间(套)可供出租的客房	
1.5	员工应具备基本礼仪礼节,穿着整齐清洁,可用普通话提供服务,效率较高	
1.6	设施设备应定期维护保养,保持安全、整洁、卫生和有效	
1.7	应有突发事件处置的应急预案	
1.8	应有与本星级相适应的节能减排方案,并付诸实施	
2	设施	
2.1	设总服务台并提供客房价目表及城市所在地的旅游交通图等相关资料	
2.2	客房内应有卫生间或提供方便宾客使用的公共卫生间,客房卫生间及公共卫生间均采取必要防滑措施	
2.3	应 24 小时供应冷水,每日固定时段供应热水,并有明确提示	
2.4	客房内应有清洁舒适的床和配套家具	
2.5	客房照明充足,有遮光效果较好的窗帘	
2.6	客房内应备有服务指南、住宿须知等	
2.7	客房门安全有效,门锁应为暗锁,有防盗装置,客房内应在显著位置张贴应急疏散图及相关说明	

续表

序号	项　　目	是否达标
2.8	公共区域应有男女分设的公共卫生间	
2.9	应有公共电话	
2.10	应有应急照明设施	
3	服务	
3.1	应至少18小时提供接待、问询、结账服务	
3.2	晚间应有安保人员驻店值班	
3.3	应提供贵重物品保管及小件行李寄存服务	
3.4	客房、卫生间应每天全面整理一次,隔日或应宾客要求更换床单、被套及枕套,并做到每客必换	
3.5	客房内应提供热饮用水	
3.6	应为残障人士提供必要的服务	
	总体是否达标结论	

表A.2　二星级饭店必备项目检查表

序号	项　　目	是否达标
1	一般要求	
1.1	建筑物结构良好,功能布局基本合理,方便宾客在饭店内活动	
1.2	应有适应所在地气候的采暖、制冷设备,各区域通风良好	
1.3	各种指示用和服务用文字至少用规范的中文及第二种文字同时表示,导向系统的设置和公共信息图形符号应符合 GB/T 15566.8 和 GB/T 10001.1、GB/T 10001.2、GB/T 10001.4、GB/T 10001.9 的规定	
1.4	应有至少20间(套)可供出租的客房	
1.5	应提供回车线或停车场,5层以上(含5层)的楼房有客用电梯	
1.6	员工应具备基本礼仪礼节,穿着整齐清洁,可用普通话提供服务,效率较高	
1.7	设施设备应定期维护保养,保持安全、整洁、卫生和有效	
1.8	应有突发事件处置的应急预案	
1.9	应有与本星级相适应的节能减排方案,并付诸实施	
2	设施	
2.1	应有与饭店规模相适应的总服务台,位置合理,提供客房价目表及城市所在地的旅游交通图、旅游介绍等相关资料	
2.2	应有就餐区域,提供桌、椅等配套设施,照明充足,通风良好	
2.3	客房内应有清洁舒适的床,以及桌、椅、床头柜等配套家具	
2.4	至少50%的客房内应有卫生间,或每一楼层提供数量充足、男女分设、方便使用的公共盥洗间。客房卫生间及公共盥洗间均采取有效的防滑措施	
2.5	应24小时供应冷水,至少12小时供应热水	
2.6	客房应有适当装修,照明充足,有遮光效果较好的窗帘。有防噪声及隔音措施	
2.7	客房内应配备电话、彩色电视机等设施,且使用效果良好	
2.8	设有两种以上规格的电源插座	

续表

序号	项　　目	是否达标
2.9	客房内应备有服务指南、住宿须知等资料	
2.10	客房门安全有效，门锁应为暗锁，有防盗装置，客房内应在显著位置张贴应急疏散图及相关说明	
2.11	公共区域应有男女分设的公共卫生间	
2.12	应有公用电话	
2.13	应有应急照明设施	
2.14	公共区域应有适当装修，墙面整洁、光线充足。紧急出口标志清楚，位置合理，无障碍物	
2.15	门厅及主要公共区域应有残疾人出入坡道	
3	服务	
3.1	应有管理或安保人员24小时在岗值班	
3.2	应24小时提供接待、问询、结账和留言等服务	
3.3	应提供贵重物品保管及小件行李寄存服务	
3.4	客房、卫生间应每天全面整理一次，隔日或应宾客要求更换床单、被套及枕套，并做到每客必换	
3.5	客房内应提供热饮用水	
3.6	应提供早餐服务	
3.7	应为残障人士提供必要的服务	
	总体是否达标结论	

表 A.3　三星级饭店必备项目检查表

序号	项　　目	是否达标
1	一般要求	
1.1	应有较高标准的建筑物结构，功能布局较为合理，方便宾客在饭店内活动	
1.2	应有空调设施，各区域通风良好，温、湿度适宜	
1.3	各种指示用和服务用文字应至少用规范的中英文同时表示。导向标志清晰、实用、美观，导向系统的设置和公共信息图形符号应符合 GB/T 15566.8 和 GB/T 10001.1、GB/T 10001.2、GB/T 10001.4、GB/T 10001.9 的规定	
1.4	应有计算机管理系统	
1.5	应有至少30间（套）可供出租的客房，应有单人间、套房等不同规格的房间配置	
1.6	应提供回车线，并有一定泊位数量的停车场。4层（含4层）以上的建筑物有足够的客用电梯	
1.7	设施设备定期维护保养，保持安全、整洁、卫生和有效	
1.8	员工应着工装，训练有素，用普通话提供服务。前台员工具备基本外语会话能力	
1.9	应有突发事件（突发事件应包括火灾、自然灾害、饭店建筑物和设备设施事故、公共卫生和伤亡事件、社会治安事件等）处置的应急预案，有年度实施计划，并定期演练	
1.10	应有与本星级相适应的节能减排方案，并付诸实施	
1.11	应定期开展员工培训	
2	设施	

序号	项　　目	是否达标
2.1	应有与接待规模相适应的前厅和总服务台,装修美观。提供饭店服务项目资料、客房价目等信息,提供所在地旅游交通、旅游资源、主要交通工具时刻等资料,提供相关的报刊	
2.2	客房装修良好、美观,应有软垫床、梳妆台或写字台、衣橱及衣架、坐椅,或简易沙发、床头柜及行李架等配套家具。电器开关方便宾客使用	
2.3	客房内满铺地毯、木地板或其他较高档材料	
2.4	客房内应有卫生间,装有抽水恭桶、梳妆台(配备面盆、梳妆镜和必要的盥洗用品)、浴缸或淋浴间。采取有效的防滑、防溅水措施,通风良好。采用较高级建筑材料装修地面、墙面和天花板,色调柔和,目的物照明效果良好。有良好的排风设施,温、湿度与客房适宜。有不间断电源插座。24小时供应冷、热水	
2.5	客房门安全有效,应设门窥镜及防盗装置,客房内应在显著位置张贴应急疏散图及相关说明	
2.6	客房内应有遮光和防噪声措施	
2.7	客房内应配备电话、彩色电视机,且使用效果良好	
2.8	应有两种以上规格的电源插座,位置方便宾客使用,可提供插座转换器	
2.9	客房内应有与本星级相适应的文具用品,备有服务指南、住宿须知、所在地旅游景点介绍和旅游交通图等,提供书报刊	
2.10	床上用棉织品(床单、枕芯、枕套、被芯、被套及床衬垫等)及卫生间针织用品(浴衣、浴巾、毛巾等)材质良好、柔软舒适	
2.11	客房内应提供互联网接入服务,并有使用说明	
2.12	客房内应备有擦鞋用具	
2.13	应有与饭店规模相适应的独立餐厅,配有符合卫生标准和管理规范的厨房	
2.14	公共区域应设宾客休息场所	
2.15	应有男女分设、间隔式公共卫生间	
2.16	应有公共电话	
2.17	应有应急供电设施和应急照明设施	
2.18	走廊地面应满铺地毯或与整体氛围相协调的其他材料,墙面整洁,有适当装修,光线充足。紧急出口标志清楚,位置合理,无障碍物	
2.19	门厅及主要公共区域应有残疾人出入坡道,配备轮椅	
3	服务	
3.1	应有管理及安保人员24小时在岗值班	
3.2	应24小时提供接待、问询、结账和留言服务。提供总账单结账服务、信用卡结算服务。应提供客房预订服务	
3.3	应设门卫应接及行李服务人员,有专用行李车,应宾客要求提供行李服务。应提供贵重物品保管及小件行李寄存服务,并专设存处	
3.4	应为宾客办理传真、复印、打字、国际长途电话等商务服务,并代发信件	
3.5	应提供代客预订和安排出租汽车服务	
3.6	客房、卫生间每天全面整理一次,每日或应宾客要求更换床单、被套及枕套,客用品补充齐全	
3.7	应提供留言和叫醒服务。可应宾客要求提供洗衣服务	
3.8	客房内应24小时提供热饮用水,免费提供茶叶或咖啡	

续表

序号	项　　　目	是否达标
3.9	应提供早、中、晚餐服务	
3.10	应提供与饭店接待能力相适应的宴会或会议服务	
3.11	应为残障人士提供必要的服务	
	总体是否达标结论	

表 A.4　四星级饭店必备项目检查表

序号	项　　　目	是否达标
1	饭店总体要求	
1.1	建筑物外观和建筑结构有特色。饭店空间布局合理，方便宾客在饭店内活动	
1.2	内外装修应采用高档材料，符合环保要求，工艺精致，整体氛围协调	
1.3	各种指示用和服务用文字应至少用规范的中英文同时表示。导向标志清晰、实用、美观，导向系统的设置和公共信息图形符号应符合 GB/T 15566.8 和 GB/T 10001.1、GB/T 10001.2、GB/T 10001.4、GB/T 10001.9 的规定	
1.4	应有中央空调(别墅式度假饭店除外)，各区域通风良好	
1.5	应有运行有效的计算机管理系统。主要营业区域均有终端，有效提供服务	
1.6	应有公共音响转播系统，背景音乐曲目、音量适宜，音质良好	
1.7	设施设备应维护保养良好，无噪声，安全完好，整洁、卫生和有效	
1.8	应具备健全的管理规范、服务规范与操作标准	
1.9	员工应着工装，体现岗位特色	
1.10	员工训练有素，能用普通话和英语提供服务，必要时可用第二种外国语提供服务	
1.11	应有突发事件(突发事件应包括火灾、自然灾害、饭店建筑物和设备设施事故、公共卫生和伤亡事件、社会治安事件等)处置的应急预案，有年度实施计划，并定期演练	
1.12	应有与本星级相适应的节能减排方案，并付诸实施	
1.13	应有系统的员工培训规划和制度，有员工培训设施	
2	前厅	
2.1	区位功能划分合理	
2.2	整体装修精致，有整体风格、色调协调、光线充足	
2.3	总服务台位置合理，接待人员应24小时提供接待、问询和结账服务。并能提供留言、总账单结账、国内和国际信用卡结算及外币兑换等服务	
2.4	应专设行李寄存处，配有饭店与宾客同时开启的贵重物品保险箱；保险箱位置安全、隐蔽，能够保护宾客的隐私	
2.5	应提供饭店基本情况、客房价目等信息，提供所在地旅游资源、当地旅游交通及全国旅游交通信息，并在总台提供中英文所在地交通图、与住店宾客相适应的报刊	
2.6	在非经营区应设宾客休息场所	
2.7	门厅及主要公共区域应有符合标准的残疾人出入坡道，配备轮椅，有残疾人专用卫生间或厕位，为残障人士提供必要的服务	
2.8	应24小时接受包括电话、传真或网络等渠道的客房预订	
2.9	应有门卫应接服务人员，18小时迎送宾客	
2.10	应有专职行李员，配有专用行李车，18小时提供行李服务，提供小件行李寄存服务	

续表

序号	项　　目	是否达标
2.11	应提供代客预订和安排出租汽车服务	
2.12	应有相关人员处理宾客关系	
2.13	应有管理人员 24 小时在岗值班	
3	客房	
3.1	应有至少 40 间(套)可供出租的客房	
3.2	70% 客房的面积(不含卫生间)应不小于 20m²	
3.3	应有标准间(大床房、双床房),有两种以上规格的套房(包括至少 3 个开间的豪华套房),套房布局合理	
3.4	装修高档。应有舒适的软垫床,配有写字台、衣橱及衣架、茶几、坐椅,或沙发、床头柜、全身镜、行李架等家具,布局合理。所有电器开关方便宾客使用。室内满铺高级地毯,或优质木地板或其他高级材料。采用区域照明,且目的物照明效果良好	
3.5	客房门能自动闭合,应有门窥镜、门铃及防盗装置。客房内应在显著位置张贴应急疏散图及相关说明	
3.6	客房内应有装修良好的卫生间。有抽水恭桶、梳妆台(配备面盆、梳妆镜和必要的盥洗用品),有浴缸或淋浴间,配有浴帘或其他防溅设施。采取有效的防滑措施。采用高档建筑材料装修地面、墙面和天花板,色调高雅柔和。采用分区照明且目的物照明效果良好。有良好的低噪声排风设施,温、湿度与客房适宜。有 110/220V 不间断电源插座、电话副机。配有吹风机。24 小时供应冷、热水,水龙头冷热标志清晰。所有设施设备均方便宾客使用	
3.7	客房内应有饭店专用电话机,可以直接拨通或使用预付费电信卡拨打国际、国内长途电话,并备有电话使用说明和所在地主要电话指南	
3.8	应有彩色电视机,画面和音质良好。播放频道不少于 16 个,备有频道目录	
3.9	应有防噪声及隔音措施,效果良好	
3.10	应有内窗帘及外层遮光窗帘,遮光效果良好	
3.11	应有至少两种规格的电源插座,电源插座应有两个以上供宾客使用的插位,位置合理,并可提供插座转换器	
3.12	应有与本星级相适应的文具用品。配有服务指南、住宿须知、所在地旅游资源信息和旅游交通图等。可提供与住店宾客相适应的书报刊	
3.13	床上用棉织品(床单、枕芯、枕套、被芯、被套及床衬垫等)及卫生间针织用品(浴巾、浴衣、毛巾等)材质较好、柔软舒适	
3.14	客房、卫生间应每天全面整理一次,每日或应宾客要求更换床单、被套及枕套,客用品和消耗品补充齐全,并应宾客要求随时进房清理	
3.15	应提供互联网接入服务,并备有使用说明,使用方便	
3.16	应提供开夜床服务,放置晚安致意品	
3.17	应提供客房微型酒吧服务,至少 50% 的房间配备小冰箱,提供适量酒和饮料,并备有饮用器具和价目单。免费提供茶叶或咖啡。提供冷热饮用水,可应宾客要求提供冰块	
3.18	应提供客衣干洗、湿洗、熨烫服务,可在 24 小时内交还宾客。可提供加急服务	
3.19	应 18 小时提供送餐服务。有送餐菜单和饮料单,送餐菜式品种不少于 8 种,饮料品种不少于 4 种,甜食品种不少于 4 种,有可挂置门外的送餐牌	

序号	项 目	是否达标
3.20	应提供留言及叫醒服务	
3.21	应提供宾客在房间会客服务,可应宾客要求及时提供加椅和茶水服务	
3.22	客房内应备有擦鞋用具,并提供擦鞋服务	
4	餐厅及吧室	
4.1	应有布局合理、装饰设计格调一致的中餐厅	
4.2	应有位置合理、格调优雅的咖啡厅(或简易西餐厅)。提供品质较高的自助早餐	
4.3	应有宴会单间或小宴会厅。提供宴会服务	
4.4	应有专门的酒吧或茶室	
4.5	餐具应按中外习惯成套配置,无破损,光洁、卫生	
4.6	菜单及饮品单应装帧精致、完整清洁,出菜率不低于90%	
5	厨房	
5.1	位置合理、布局科学,传菜路线不与非餐饮公共区域交叉	
5.2	厨房与餐厅之间,采取有效的隔音、隔热和隔气味措施。进出门自动闭合	
5.3	墙面满铺瓷砖,用防滑材料满铺地面,有地槽	
5.4	冷菜间、面点间独立分隔,有足够的冷气设备。冷菜间内有空气消毒设施和二次更衣设施	
5.5	粗加工间与其他操作间隔离,各操作间温度适宜,冷气供给充足	
5.6	应有必要的冷藏、冷冻设施,生熟食品及半成品分柜置放,有干货仓库	
5.7	洗碗间位置合理,配有洗碗和消毒设施	
5.8	应有专门放置临时垃圾的设施并保持其封闭,排污设施(地槽、抽油烟机和排风口等)保持清洁通畅	
5.9	采取有效的消杀蚊蝇、蟑螂等虫害措施	
5.10	应有食品留样送检机制	
6	会议和康体设施	
6.1	应有至少两种规格的会议设施,配备相应设施并提供专业服务	
6.2	应有康体设施,布局合理,提供相应的服务	
7	公共区域	
7.1	饭店室外环境整洁美观	
7.2	饭店后台设施完备、导向清晰、维护良好	
7.3	应有回车线,并有足够泊位的停车场。提供相应的服务	
7.4	3层以上(含3层)建筑物应有数量充足的高质量客用电梯,轿厢装修高雅。配有服务电梯	
7.5	主要公共区域应有男女分设的间隔式公共卫生间,环境良好	
7.6	应有商品部,出售旅行日常用品、旅游纪念品等	
7.7	应有商务中心,可提供传真、复印、国际长途电话、打字等服务,有可供宾客使用的电脑,并可提供代发信件、手机充电等服务	
7.8	提供或代办市内观光服务	
7.9	应有公用电话	

序号	项 目	是否达标
7.10	应有应急照明设施和应急供电系统	
7.11	主要公共区域有闭路电视监控系统	
7.12	走廊及电梯厅地面应满铺地毯或其他高档材料,墙面整洁,有装修装饰,温度适宜、通风良好、光线适宜。紧急出口标志清楚醒目,位置合理,无障碍物。有符合规范的逃生通道、安全避难场所	
7.13	应有必要的员工生活和活动设施	
	总体是否达标结论	

表 A.5 五星级饭店必备项目检查表

序号	项 目	是否达标
1	总体要求	
1.1	建筑物外观和建筑结构应具有鲜明的豪华饭店的品质。饭店空间布局合理,方便宾客在饭店内活动	
1.2	内外装修应采用高档材料,符合环保要求,工艺精致,整体氛围协调,风格突出	
1.3	各种指示用和服务用文字应至少用规范的中英文同时表示。导向标志清晰、实用、美观,导向系统的设置和公共信息图形符号应符合 GB/T 15566.8 和 GB/T 10001.1、GB/T 10001.2、GB/T 10001.4、GB/T 10001.9 的规定	
1.4	应有中央空调(别墅式度假饭店除外),各区域空气质量良好	
1.5	应有运行有效的计算机管理系统,前后台联网,有饭店独立的官方网站或者互联网主页,并能够提供网络预订服务	
1.6	应有公共音响转播系统。背景音乐曲目、音量与所在区域和时间段相适应,音质良好	
1.7	设施设备应维护保养良好,无噪声、安全完好、整洁、卫生和有效	
1.8	应具备健全的管理规范、服务规范与操作标准	
1.9	员工应着工装,工装专业设计、材质良好、做工精致	
1.10	员工训练有素,能用普通话和英语提供服务,必要时可用第二种外国语提供服务	
1.11	应有与本星级相适应的节能减排方案,并付诸实施	
1.12	应有突发事件(突发事件应包括火灾、自然灾害、饭店建筑物和设备设施事故、公共卫生和伤亡事件、社会治安事件等)处置的应急预案,有年度实施计划,并定期演练	
1.13	应有系统的员工培训规划和制度,应有专门的教材、专职培训师及专用员工培训教室	
2	前厅	
2.1	功能划分合理,空间效果良好	
2.2	装饰设计有整体风格,色调协调,光线充足,整体视觉效果和谐	
2.3	总服务台位置合理,接待人员应 24 小时提供接待、问询和结账等服务。并能提供留言、总账单结算、国内和国际信用卡结算、外币兑换等服务	
2.4	应专设行李寄存处,配有饭店与宾客同时开启的贵重物品保险箱;保险箱位置安全、隐蔽,能够保护宾客的隐私	

序号	项 目	是否达标
2.5	应提供饭店基本情况、客房价目等信息,提供所在地旅游资源、当地旅游交通及全国旅游交通的信息,并在总台能提供中英文所在地交通图、与住店宾客相适应的报刊	
2.6	在非经营区应设宾客休息场所	
2.7	门厅及主要公共区域应有符合标准的残疾人出入坡道,配备轮椅,有残疾人专用卫生间或厕位,为残障人士提供必要的服务	
2.8	应24小时接受包括电话、传真或网络等渠道的客房预订	
2.9	应有专职的门卫应接服务人员,18小时迎送宾客	
2.10	应有专职行李员,配有专用行李车,24小时提供行李服务,提供小件行李寄存服务	
2.11	应提供代客预订和安排出租汽车服务	
2.12	应有专职人员处理宾客关系,18小时在岗服务	
2.13	应提供礼宾服务	
2.14	应有管理人员24小时在岗值班	
3	客房	
3.1	应有至少50间(套)可供出租的客房	
3.2	70%客房的面积(不含卫生间和门廊)应不小于20m²	
3.3	应有标准间(大床房、双床房)、残疾人客房,两种以上规格的套房(包括至少4个开间的豪华套房),套房布局合理	
3.4	装修豪华,具有良好的整体氛围。应有舒适的床垫及配套用品。写字台、衣橱及衣架、茶几、坐椅或沙发、床头柜等家具配套齐全、布置合理、使用便利。所有电器开关方便宾客使用。室内满铺高级地毯,或用优质木地板或其他高档材料装饰。采用区域照明,目的物照明效果良好	
3.5	客房门能自动闭合,应有门窥镜、门铃及防盗装置。客房内应在显著位置张贴应急疏散图及相关说明	
3.6	客房内应有装修精致的卫生间。有高级抽水恭桶、梳妆台(配备面盆、梳妆镜和必要的盥洗用品)、浴缸,并带淋浴喷头(另有单独淋浴间的可以不带淋浴喷头),配有浴帘或其他有效的防溅设施。采取有效的防滑措施。采用豪华建筑材料装修地面、墙面和天花板,色调高雅柔和。采用分区照明且目的物照明效果良好。有良好的无明显噪声的排风设施,温、湿度与客房无明显差异。有110/220V不间断电源插座、电话副机。配有吹风机。24小时供应冷、热水,水龙头冷热标志清晰。所有设施设备均方便宾客使用	
3.7	客房内应有饭店专用电话机,使用方便。可以直接拨通或使用预付费电信卡拨打国际、国内长途电话,并备有电话使用说明和所在地主要电话指南	
3.8	应有彩色电视机,画面和音质优良。播放频道不少于24个,频道顺序有编辑,备有频道目录	
3.9	应有背景音乐,音质良好,曲目适宜,音量可调	
3.10	应有防噪声及隔音措施,效果良好	
3.11	应有纱帘及遮光窗帘,遮光效果良好	

序号	项 目	是否达标
3.12	应有至少两种规格的电源插座,电源插座应有两个以上供宾客使用的插位,位置方便宾客使用,并可提供插座转换器	
3.13	应有与本星级相适应的文具用品。配有服务指南、住宿须知、所在地旅游景点介绍和旅游交通图等。提供与住店宾客相适应的报刊	
3.14	床上用棉织品(床单、枕芯、枕套、被芯、被套及床衬垫等)及卫生间针织用品(浴巾、浴衣、毛巾等)材质高档、工艺讲究、柔软舒适。可应宾客要求提供多种规格的枕头	
3.15	客房、卫生间应每天全面清理一次,每日或应宾客要求更换床单、被套及枕套,客用品和消耗品补充齐全,并应宾客要求随时进房清理	
3.16	应提供互联网接入服务,并备有使用说明,使用方便	
3.17	应提供开夜床服务,夜床服务效果良好	
3.18	应提供客房微型酒吧(包括小冰箱)服务,配置适量与住店宾客相适应的酒和饮料,备有饮用器具和价目单。免费提供茶叶或咖啡。提供冷热饮用水,可应宾客要求提供冰块	
3.19	应提供客衣干洗、湿洗、熨烫服务,可在 24 小时内交还宾客,可提供加急服务	
3.20	应 24 小时提供送餐服务。有送餐菜单和饮料单,送餐菜式品种不少于 8 种,饮料品种不少于 4 种,甜食品种不少于 4 种,有可挂置门外的送餐牌,送餐车有保温设备	
3.21	应提供自动和人工叫醒、留言及语音信箱服务,服务效果良好	
3.22	应提供宾客在房间会客服务,应宾客的要求及时提供加椅和茶水服务	
3.23	客房内应备有擦鞋用具,并提供擦鞋服务	
4	餐厅及吧室	
4.1	各餐厅布局合理、环境优雅、空气清新,不串味,温度适宜	
4.2	应有装饰豪华、氛围浓郁的中餐厅	
4.3	应有装饰豪华、格调高雅的西餐厅(或外国特色餐厅)或风格独特的风味餐厅,均配有专门厨房	
4.4	应有位置合理、独具特色、格调高雅的咖啡厅,提供品质良好的自助早餐、西式正餐。咖啡厅(或有一餐厅)营业时间不少于 18 小时	
4.5	应有 3 个以上宴会单间或小宴会厅。提供宴会服务,效果良好	
4.6	应有专门的酒吧或茶室	
4.7	餐具应按中外习惯成套配置,材质高档,工艺精致,有特色,无破损磨痕,光洁、卫生	
4.8	菜单及饮品单应装帧精美、完整清洁,出菜率不低于90%	
5	厨房	
5.1	位置合理、布局科学,传菜路线不与非餐饮公共区域交叉	
5.2	厨房与餐厅之间,采取有效的隔音、隔热和隔味的措施。进出门分开并能自动闭合	
5.3	墙面满铺瓷砖,用防滑材料满铺地面,有地槽	
5.4	冷菜间、面点间独立分隔,有足够的冷气设备。冷菜间内有空气消毒设施	
5.5	冷菜间有二次更衣场所及设施	
5.6	粗加工间与其他操作间隔离,各操作间温度适宜,冷气供应充足	

序号	项　目	是否达标
5.7	洗碗间位置合理(紧临厨房与餐厅出入口),配有洗碗和消毒设施	
5.8	有必要的冷藏、冷冻设施,生熟食品及半成食品分柜置放。有干货仓库	
5.9	有专门放置临时垃圾的设施并保持其封闭,排污设施(地槽、抽油烟机和排风口等)保持畅通清洁	
5.10	采取有效的消杀蚊蝇、蟑螂等虫害措施	
5.11	应有食品化验室或留样送检机制	
6	会议康乐设施	
6.1	应有两种以上规格的会议设施,有多功能厅,配备相应的设施并提供专业服务	
6.2	应有康体设施,布局合理,提供相应的服务	
7	公共区域	
7.1	饭店室外环境整洁美观,绿色植物维护良好	
7.2	饭店后台区域设施完好、卫生整洁、维护良好,前后台的衔接合理,通往后台的标志清晰	
7.3	应有清晰可辨的回车线,并有与规模相适应泊位的停车场,有残疾人停车位,停车场环境效果良好,提供必要的服务	
7.4	3层以上(含3层)建筑物应有数量充足的高质量客用电梯,轿厢装饰高雅,速度合理,通风良好;另备有数量、位置合理的服务电梯	
7.5	各公共区域均应有男女分设的间隔式公共卫生间,环境优良,通风良好	
7.6	应有商品部,出售旅行日常用品、旅游纪念品等	
7.7	应有商务中心,可提供传真、复印、国际长途电话、打字等服务,有可供宾客使用的电脑,并可提供代发信件、手机充电等服务	
7.8	提供或代办市内观光服务	
7.9	应有公用电话,并配有便笺	
7.10	应有应急照明设施和应急供电系统	
7.11	主要公共区域有闭路电视监控系统	
7.12	走廊及电梯厅地面应满铺地毯或其他高档材料,墙面整洁,有装修装饰,温度适宜、通风良好、光线适宜。紧急出口标志清楚醒目,位置合理,无障碍物。有符合规范的逃生通道、安全避难场所	
7.13	应有充足的员工生活和活动设施	
	总体是否达标结论	

附　录　B

（规范性附录）

设施设备评分表

表 B.1 给出了设施设备评分表。

表 B.1　设施设备评分表

序　号	设施设备评分表	各大项总　分	各分项总　分	各次分项总　　分	各小项总　分	计分	记分栏
1	地理位置、周围环境、建筑结构及功能布局	30					
1.1	地理位置及周围环境		8				
1.1.1	地理位置			3			
	位于城市中心或商务区,旅游景区或度假区,机场、火车站、长途汽车站、码头等交通便利地带,可进入性好				3		
	靠近城市中心或商务区,旅游景区或度假区,机场、火车站、长途汽车站、码头,可进入性较好				2		
	可进入性一般				1		
1.1.2	周围环境(饭店建筑红线内)			5			
	花园(独立于饭店主体建筑的绿化场地,面积较大,有观赏景物或建筑小品,花木保养得当,环境整洁)				5		
	庭院(附属于饭店主体建筑,有一定的绿化和景观,可供散步、休闲,环境整洁)				3		
1.2	停车场(包括地下停车场、停车楼)		5				
1.2.1	停车位数量			4			
	自备停车场,车位不少于40%客房数				4		
	自备停车场,车位不少于15%客房数				3		
	在饭店周围200m内可以停放汽车,车位不少于15%客房数				2		
	有回车线				1		
1.2.2	合理利用空间,有地下停车场(停车楼)等			1			
1.3	建筑结构及功能布局		17				

续表

序　号	设施设备评分表	各大项总　分	各分项总　分	各次分项总　　分	各小项总　分	计分	记分栏
1.3.1	前厅部位功能设施位置恰当、分隔合理,方便宾客使用(酌情给1~3分)			3			
1.3.2	餐饮部位功能设施位置恰当、分隔合理,方便宾客使用(酌情给1~3分)			3			
1.3.3	客房部位功能设施位置恰当、分隔合理,方便宾客使用(酌情给1~3分)			3			
1.3.4	康乐及会议部位功能设施位置恰当、分隔合理,方便宾客使用(酌情给1~3分)			3			
1.3.5	饭店建筑历史悠久,为文物保护单位			5			
	全国重点文物保护单位,建立并实施严格的文物保护措施				5		
	省级文物保护单位,建立并实施相应的文物保护措施				3		
	市、县级文物保护单位				1		
1.3.6	饭店配套设施不在主体建筑内又没有封闭通道相连(度假型饭店除外)			-5			
2	共用系统	52					
2.1	智能化管理系统		8				
2.1.1	结构化综合布线系统			2			
2.1.2	先进、有效的火灾报警与消防联动控制系统(含点报警、面报警、消防疏散广播等)			3			
2.1.3	先进的楼宇自动控制系统(新风/空调监控、供配电与照明监控、给排水系统监控等)			3			
2.2	信息管理系统		9				
2.2.1	覆盖范围			4			
	全面覆盖前后台,数据关联的饭店专用管理信息系统(前台管理系统、餐厅管理系统、财务管理系统、收益分析系统、人事管理系统、工程管理系统、库房管理系统、采购管理系统等数据流自动化处理并关联)				4		
	前后台均有独立的管理信息系统				2		
	只覆盖前台对客服务部门				1		
2.2.2	采取确保饭店信息安全的有效措施			2			
2.2.3	系统供应商			3			
	行业主流供应商,系统先进,运行稳定				3		

序　号	设施设备评分表	各大项总分	各分项总分	各次分项总分	各小项总分	计分	记分栏
	非主流供应商					1	
2.3	互联网		8				
2.3.1	覆盖范围			6			
	所有的客房配有互联网接口(有线、无线均可)				2		
	所有的会议室均有互联网接口(有线、无线均可)				2		
	所有的大堂区域均有无线网络覆盖				1		
	咖啡厅和大堂酒吧提供有线互联网接口(或有无线网络覆盖)				1		
2.3.2	应用			2			
	有独立网站,具有实时网上预订功能(非第三方订房网站)				2		
	在互联网上有饭店的独立网页和电子邮件地址				1		
2.4	空调系统		5				
2.4.1	四管制中央空调系统			5			
2.4.2	两管制中央空调系统			3			
2.4.3	无中央空调系统,但客房、餐厅及公共区域采用窗式、分体式或柜式空调			1			
2.5	应急供电		6				
2.5.1	自备发电设施				3		
2.5.2	应急供电系统(指两路以上供电)				2		
2.5.3	应急照明设施				1		
2.6	移动电话信号覆盖所有客房及公共区域		2				
2.7	节能措施与环境管理		14				
2.7.1	有建筑节能设计(如自然采光、新型墙体材料、环保装饰材料等)			2			
2.7.2	采用有新能源的设计与运用(如太阳能、生物能、风能、地热等)			2			
2.7.3	采用环保设备和用品(使用溴化锂吸收式等环保型冷水机组、使用无磷洗衣粉、使用环保型冰箱、不使用哈龙灭火器等)			2			
2.7.4	采用节能产品(如节能灯、感应式灯光、水龙头控制等),采取节能及环境保护的有效措施(客房内环保提示牌,不以野生保护动物为食品原料等)			2			

序　号	设施设备评分表	各大项总　分	各分项总　分	各次分项总　　分	各小项总　分	计分	记分栏
2.7.5	有中水处理系统			2			
2.7.6	有污水、废气处理设施			2			
2.7.7	垃圾房			2			
	有垃圾房及相应管理制度，并有湿垃圾干处理装置				2		
	有垃圾房及相应管理制度				1		
3	前厅	62					
3.1	地面装饰		8				
	采用高档花岗岩、大理石或其他高档材料（材质高档、色泽均匀、拼接整齐、工艺精致、装饰性强、与整体氛围相协调）				8		
	采用优质花岗岩、大理石或其他材料（材质良好，工艺较好）				6		
	采用普通花岗岩、大理石或其他材料（材质一般，有色差）				4		
	采用普通材料（普通木地板、地砖等）				2		
3.2	墙面装饰		6				
	采用高档花岗岩、大理石或其他高档材料（材质高档、色泽均匀、拼接整齐、工艺精致、装饰性强、与整体氛围相协调）				6		
	采用优质木材或高档墙纸（布）（立面有线条变化，高档墙纸包括丝质及其他天然原料墙纸）				4		
	采用普通花岗岩、大理石或木材				2		
	采用墙纸或喷涂材料				1		
3.3	天花板		5				
	工艺精致、造型别致、与整体氛围相协调				5		
	工艺较好，格调一般				3		
	有一定装饰				1		
3.4	艺术装饰		2				
	有壁画或浮雕或其他艺术品装饰				2		
	有简单艺术装饰				1		
3.5	家具（台、沙发等）		5				
	设计专业，材质高档，工艺精致，摆设合理，使用方便、舒适				5		

序　号	设施设备评分表	各大项总　分	各分项总　分	各次分项总　分	各小项总　分	计分	记分栏
	材质较好,工艺较好					3	
	材质普通,工艺一般					1	
3.6	灯具与照明		5				
	照明设计有专业性,采用高档定制灯具,功能照明、重点照明、氛围照明和谐统一					5	
	采用高档灯具,照明整体效果较好					3	
	采用普通灯具,照明效果一般					1	
3.7	整体装饰效果		4				
	色调协调,氛围浓郁,有中心艺术品,感观效果突出					4	
	有艺术品装饰,工艺较好,氛围一般					2	
	有一定的装饰品					1	
3.8	公共卫生间		9				
3.8.1	位置合理(大堂应设置公共卫生间,且与大堂在同一楼层)			2			
3.8.2	材料、装修和洁具(对所有公共卫生间分别打分,取算术平均值的整数部分)			3			
	设计专业(洁具、灯光、冷热水、照明、通风、空调等),采用高档装修材料,装修工艺精致,采用高级洁具					3	
	采用较高档装修材料,装修工艺较好,采用较好洁具					2	
	采用普通装修材料,装修工艺一般,采用普通洁具					1	
3.8.3	残疾人卫生间			2			
	有残疾人专用卫生间					2	
	有残疾人专用厕位					1	
3.8.4	公共卫生间设施(少一项,扣1分)						
	抽水恭桶						
	卫生纸						
	污物桶						
	半身镜						
	洗手盆						
	洗手液或香皂						
	烘手机或擦手纸						
3.8.5	每个抽水恭桶都有单独的隔间,隔间的门有插销,所有隔间都配置衣帽钩			1			

序　号	设施设备评分表	各大项总　分	各分项总　分	各次分项总　分	各小项总　分	计分	记分栏
3.8.6	每两个男用小便器中间有隔板,使用自动冲水装置			1			
3.9	客用电梯		10				
3.9.1	数量			2			
	不少于平均每70间客房一部客用电梯				2		
	不少于平均每100间客房一部客用电梯				1		
3.9.2	性能优良、运行平稳、梯速合理			2			
3.9.3	内饰与设备			4			
3.9.3.1	有一定装饰、照明充足				0.5		
3.9.3.2	有饭店主要设施楼层指示				0.5		
3.9.3.3	有扶手杆				0.5		
3.9.3.4	有通风系统				0.5		
3.9.3.5	与外界联系的对讲功能				0.5		
3.9.3.6	有残疾人专用按键				0.5		
3.9.3.7	轿厢两侧均有按键				0.5		
3.9.3.8	有抵达行政楼层或豪华套房楼层的专用控制措施				0.5		
3.9.4	有观光电梯			1			
3.9.5	有自动扶梯			1			
3.10	贵重物品保险箱		2				
3.10.1	数量不少于客房数量的8%,不少于两种规格			1			
3.10.2	位置隐蔽、安全,能保护宾客隐私			1			
3.11	前厅整体舒适度		6				
3.11.1	绿色植物、花卉摆放得体,插花有艺术感,令宾客感到自然舒适			2			
3.11.2	光线、温度适宜			2			
3.11.3	背景音乐曲目适宜、音质良好、音量适中,与前厅整体氛围协调			2			
3.11.4	异味,烟尘,噪声,强风(扣分,每项扣1分)			−4			
3.11.5	置于前厅明显位置的商店、摊点影响整体氛围			−4			
4	客房	191					
4.1	普通客房(4.1～4.10均针对普通客房打分)		26				

序　号	设施设备评分表	各大项总　分	各分项总分	各次分项总　分	各小项总　分	计分	记分栏
4.1.1	70%客房的净面积(不包括卫生间和门廊)			16			
	不小于36m²					16	
	不小于30m²					12	
	不小于24m²					8	
	不小于20m²					6	
	不小于16m²					4	
	不小于14m²					2	
4.1.2	净高度			4			
	不低于3m					4	
	不低于2.7m					2	
4.1.3	软床垫(长度不小于1.9m),宽度			6			
4.1.3.1	单人床				3		
	不小于1.35m					3	
	不小于1.2m					2	
	不小于1.1m					1	
4.1.3.2	双人床				3		
	不小于2.2m					3	
	不小于2.0m					2	
	不小于1.8m					1	
4.2	装修与装饰			11			
4.2.1	地面			3			
	采用优质地毯或木地板,工艺精致					3	
	采用高档地砖、普通地毯或木地板,工艺较好					2	
	采用普通地砖或水磨石地面,工艺一般					1	
4.2.2	墙面			2			
	采用高级墙纸或其他优质材料,有艺术品装饰					2	
	采用普通涂料或墙纸					1	
4.2.3	天花板有装饰			2			
4.2.4	整体装饰效果			4			
	工艺精致、色调协调、格调高雅					4	
	工艺较好,格调统一					2	
	工艺一般					1	

序 号	设施设备评分表	各大项总 分	各分项总 分	各次分项总 分	各小项总 分	计分	记分栏
4.3	家具		7				
4.3.1	档次			4			
	设计专业,材质高档,工艺精致,摆设合理,使用方便、舒适				4		
	材质较好,工艺较好				2		
	材质普通,工艺一般				1		
4.3.2	衣橱			3			
	步入式衣物储藏间				3		
	进深不小于55cm,宽度不小于110cm				2		
	进深不小于45cm,宽度不小于90cm				1		
4.4	灯具和照明		11				
4.4.1	灯具配备			9			
4.4.1.1	主光源(顶灯或槽灯)				1		
4.4.1.2	门廊照明灯				1		
4.4.1.3	床头照明灯				1		
4.4.1.4	写字台照明灯				1		
4.4.1.5	衣柜照明灯				1		
4.4.1.6	行李柜照明灯				1		
4.4.1.7	小酒吧照明灯				1		
4.4.1.8	装饰物照明灯				1		
4.4.1.9	夜灯				1		
4.4.2	灯光控制			2			
	各灯具开关位置合理,床头有房间灯光"一键式"总控制开关,标志清晰,方便使用				2		
	各灯具开关位置合理,方便使用				1		
4.5	彩色电视机		6				
4.5.1	类型与尺寸			3			
	平板电视,不小于25英寸				3		
	普通电视,不小于25英寸				2		
	普通电视,不小于21英寸				1		
4.5.2	频道和节目			2			
	卫星、有线闭路电视节目不少于30套				1		
	外语频道或外语节目不少于3套				1		
4.5.3	有电视频道指示说明及电视节目单			1			
4.6	客房电话		5				

续表

序　号	设施设备评分表	各大项总　分	各分项总　分	各次分项总　分	各小项总　分	计分	记分栏
4.6.1	程控电话机,有直拨国际、国内长途功能			1			
4.6.2	有语音信箱及留言指示灯			1			
4.6.3	电话机上有饭店常用电话号码和使用说明			1			
4.6.4	附设写字台电话(双线制)			1			
4.6.5	配备本地电话簿			1			
4.7	微型酒吧(包括小冰箱)		5				
4.7.1	数量			3			
	100%的客房有微型酒吧(包括小冰箱)				3		
	不少于50%的客房有微型酒吧(包括小冰箱)				1		
4.7.2	提供适量饮品和食品,并配备相应的饮具			1			
4.7.3	100%以上客房配备静音、节能、环保型小冰箱			1			
4.8	客房便利设施及用品		12				
4.8.1	电热水壶			1			
4.8.2	熨斗和熨衣板			1			
4.8.3	西装衣撑			1			
4.8.4	每房不少于4个西服衣架、2个裤架和2个裙架			1			
4.8.5	不间断电源插座(国际通用制式)不少于两处,并有明确标志,方便使用			1			
4.8.6	吹风机			1			
4.8.7	浴衣(每客1件)			1			
4.8.8	备用被毯(每床1条)			1			
4.8.9	咖啡(含伴侣、糖),配相应杯具			1			
4.8.10	环保或纸质礼品袋(每房2个)			1			
4.8.11	针线包			1			
4.8.12	文具(含铅笔、橡皮、曲别针等)			1			
4.9	客房必备物品(少一项,扣1分)						
	服务指南(含欢迎词、饭店各项服务简介)						
	笔						
	信封(每房不少于2个)						
	信纸(每房不少于4张)						
	免费茶叶						
	暖水瓶(有电热水壶可不备)						

序 号	设施设备评分表	各大项总 分	各分项总 分	各次分项总 分	各小项总 分	计分	记分栏
	凉水瓶（或免费矿泉水）						
	擦鞋用具（每房2份）						
	"请勿打扰"、"请清理房间"挂牌或指示灯						
	垃圾桶						
	根据不同床型配备相应数量的枕芯、枕套、床单、毛毯或棉被						
4.10	客房卫生间	50					
4.10.1	70%的客房卫生间面积		8				
	不小于8m²				8		
	不小于6m²				6		
	不小于5m²				4		
	不小于4m²				2		
	小于4m²				1		
4.10.2	卫生间装修		6				
	专业设计,全部采用高档材料装修（优质大理石、花岗岩等）,工艺精致,采用统一风格的高级品牌卫浴设施				6		
	采用高档材料装修,工艺较好				4		
	采用普通材料装修,工艺一般				2		
4.10.3	卫生间设施布局		4				
	不少于50%的客房卫生间淋浴、浴缸、恭桶分隔				4		
	不少于50%的客房卫生间淋浴和浴缸分隔				3		
	不少于50%的客房卫生间有浴缸				1		
4.10.4	面盆及五金件		2				
	高档面盆及配套五金件				2		
	普通面盆及五金件				1		
4.10.5	浴缸及淋浴		12				
4.10.5.1	浴缸和淋浴间均有单独照明,分区域照明充足				1		
4.10.5.2	完全打开热水龙头,水温在15秒内上升到46℃～51℃,水温稳定				1		
4.10.5.3	水流充足（水压为0.2～0.35MPa）、水质良好				1		

序　号	设施设备评分表	各大项总　分	各分项总　分	各次分项总　分	各小项总　分	计分	记分栏
4.10.5.4	淋浴间下水保持通畅,不外溢				1		
4.10.5.5	浴缸				3		
	高档浴缸(配带淋浴喷头)及配套五金件					3	
	普通浴缸(配带淋浴喷头)或只有淋浴间					1	
4.10.5.6	所有浴缸上方安装扶手,符合安全规定				1		
4.10.5.7	淋浴喷头的水流可以调节				1		
4.10.5.8	淋浴有水流定温功能				1		
4.10.5.9	配备热带雨林喷头				1		
4.10.5.10	浴缸及淋浴间配有防滑设施(或有防滑功能)				1		
4.10.6	恭桶			3			
	高档节水恭桶					3	
	普通节水恭桶					1	
4.10.7	其他			15			
4.10.7.1	饮用水系统				2		
4.10.7.2	梳妆镜				2		
	防雾梳妆镜					2	
	普通梳妆镜					1	
4.10.7.3	化妆放大镜				1		
4.10.7.4	面巾纸				1		
4.10.7.5	110/220V 不间断电源插座(低电流)				1		
4.10.7.6	晾衣绳				1		
4.10.7.7	呼救按钮或有呼救功能的电话				1		
4.10.7.8	连接客房电视的音响装置				1		
4.10.7.9	体重秤				1		
4.10.7.10	电话副机(方便宾客取用)				1		
4.10.7.11	浴室里挂钩不少于1处,方便使用				1		
4.10.7.12	浴帘或其他防溅设施				1		
4.10.7.13	浴巾架				1		
4.10.8	卫生间客用必备品(少一项,扣1分)						
4.10.8.1	漱口杯(每房2个)						
4.10.8.2	浴巾(每房2条)						
4.10.8.3	地巾						
4.10.8.4	面巾(每房2条)						
4.10.8.5	卫生袋						

续表

序　号	设施设备评分表	各大项总　分	各分项总　分	各次分项总　分	各小项总　分	计分	记分栏
4.10.8.6	卫生纸						
4.10.8.7	垃圾桶						
4.11	套房		14				
4.11.1	数量			3			
	不少于客房总数的20%（不包括连通房）				3		
	不少于客房总数的10%（不包括连通房）				2		
	不少于客房总数的5%（不包括连通房）				1		
4.11.2	规格			6			
4.11.2.1	至少有三种规格的套房				2		
4.11.2.2	有豪华套房				4		
	至少有卧室2间，会客室、餐厅、书房各1间（卫生间3间）					4	
	至少有卧室2间，会客室1间，餐厅或书房各1间（卫生间3间）					2	
4.11.3	套房卫生间			5			
4.11.3.1	有供主人和来访宾客分别使用的卫生间				2		
4.11.3.2	有由卧室和客厅分别直接进入的卫生间（双门卫生间）				1		
4.11.3.3	有音响装置				1		
4.11.3.4	配有电视机				1		
4.12	有残疾人客房，配备相应的残障设施		2				
4.13	设无烟楼层		2				
4.14	客房舒适度		35				
4.14.1	布草			15			
4.14.1.1	床单、被套、枕套的纱支规格				6		
	不低于80×60支纱					6	
	不低于60×40支纱					3	
	不低于40×40支纱					1	
4.14.1.2	床单、被套、枕套的含棉量为100%					1	
4.14.1.3	毛巾（含浴巾、面巾、地巾、方巾等）的纱支规格					2	
	32支纱（或螺旋16支），含棉量为100%						2
	不低于16支纱						1
4.14.1.4	毛巾（含浴巾、面巾、地巾、方巾等）规格（1个规格不达标扣0.5分，扣满2分以上，降低一档）					6	

序　号	设施设备评分表	各大项总　分	各分项总　分	各次分项总　分	各小项总　分	计分	记分栏
	浴巾:不小于 1400mm × 800mm,重量不低于 750g;面巾:不小于 750mm × 350mm,重量不低于 180g;地巾:不小于 800mm × 500mm,重量不低于 450g;方巾:不小于 320mm × 320mm,重量不低于 55g					6	
	浴巾:不小于 1300mm × 700mm,重量不低于 500g;面巾:不小于 600mm × 300mm,重量不低于 120g;地巾:不小于 700mm × 400mm,重量不低于 320g;方巾:不小于 300mm × 300mm,重量不低于 45g					3	
	浴巾:不小于 1200mm × 600mm,重量不低于 400g;面巾:不小于 550mm × 300mm,重量不低于 110g;地巾:不小于 650mm × 350mm,重量不低于 280g					1	
4.14.2	床垫硬度适中、无变形,可提供 3 种以上不同类型的枕头			2			
4.14.3	温度			3			
4.14.3.1	室内温度可调节				2		
4.14.3.2	公共区域与客房区域温差不超过 5℃				1		
4.14.4	相对湿度:冬季为 50% ~ 55%,夏季为 45% ~50%			2			
4.14.5	客房门、墙、窗、天花板、卫生间采取隔音措施,效果良好			2			
	客房隔音效果差,或部分客房靠近高噪声设施(如歌舞厅、保龄球场、洗衣房等),影响宾客休息					-4	
4.14.6	窗帘与客房整体设计匹配,有纱帘,方便开闭,密闭遮光效果良好			2			
4.14.7	照明效果			3			
	专业设计,功能照明、重点照明、氛围照明和谐统一					3	
	有目的物照明光源,满足不同区域的照明需求					2	
	照明效果一般					1	
4.14.8	客用品方便取用,插座、开关位置合理,方便使用			2			

续表

序　号	设施设备评分表	各大项总　分	各分项总　分	各次分项总　分	各小项总　分	计分	记分栏
4.14.9	艺术品、装饰品搭配协调，布置雅致；家具、电器、灯饰档次匹配，色调和谐			2			
4.14.10	电视机和背景音乐系统的音、画质良好，节目及音量调节方便有效			2			
4.15	客房走廊及电梯厅		5				
4.15.1	走廊宽度不少于1.8m，高度不低于2.3m			1			
4.15.2	光线适宜			1			
4.15.3	通风良好，温度适宜			1			
4.15.4	客房门牌标志醒目，制作精良			1			
4.15.5	管道井、消防设施的装饰与周边氛围协调			1			
5	餐饮	59					
5.1	餐厅[5.1～5.2对各个餐厅（不包括食街和快餐厅）分别打分，然后根据餐厅数量取算术平均值的整数部分]		32				
5.1.1	布局			8			
5.1.1.1	接待区装饰风格（接待台、预订台）与整体氛围协调				1		
5.1.1.2	有宴会单间或小宴会厅				3		
5.1.1.3	靠近厨房，传菜线路不与非餐饮公共区域交叉				2		
5.1.1.4	有酒水台				1		
5.1.1.5	有分区设计，有绿色植物或一定装饰品				1		
5.1.2	装饰			11			
5.1.2.1	地面装饰				4		
	采用优质花岗岩、大理石、地毯、木地板或其他与整体装饰风格相协调的高档材料（材质高档、色泽均匀、拼接整齐、装饰性强，与整体氛围相协调）				4		
	采用普通大理石、地毯、木地板或其他材料（材质一般，有色差，拼接整齐，装饰性较强）				2		
	采用普通材料（普通木地板、地砖等）				1		
5.1.2.2	墙面装饰				4		
	采用优质花岗岩、大理石或其他与整体装饰风格相协调的高档材料（材质高档、色泽均匀、拼接整齐、装饰性强，与整体氛围相协调）				4		

序　号	设施设备评分表	各大项总　分	各分项总分	各次分项总　　分	各小项总　分	计分	记分栏
	采用优质木材或高档墙纸(布)(立面有线条变化,高档墙纸包括丝质及其他天然原料墙纸)					3	
	采用普通花岗岩、大理石、木材					2	
	采用普通墙纸或喷涂材料					1	
5.1.2.3	天花板				3		
	工艺精致,造型别致,格调高雅					3	
	工艺较好,格调一般					2	
	有一定装饰					1	
5.1.3	家具			3			
	设计专业,材质高档,工艺精致,摆设合理、使用方便、舒适					3	
	材质较好,工艺较好					2	
	材质普通,工艺一般					1	
5.1.4	灯具与照明			3			
	照明设计有专业性,采用高档定制灯具,功能照明、重点照明、氛围照明和谐统一					3	
	采用高档灯具,照明整体效果较好					2	
	采用普通灯具,照明效果一般					1	
5.1.5	餐具			3			
	高档材质,工艺精致,有一定的艺术性,与整体氛围协调					3	
	较好材质与工艺					2	
	一般材质与工艺					1	
5.1.6	菜单及酒水单			3			
	用中文、英文及相应外文印制,有独立酒水单,装帧精美,出菜率不低于90%					3	
	用中英文印刷,装帧较好,出菜率不低于90%					2	
	有中文菜单,保持完整、清洁					1	
5.1.7	不使用一次性筷子和一次性湿毛巾,不使用塑料桌布			1			
5.2	厨房		12				
5.2.1	应有与餐厅经营面积和菜式相适应的厨房区域(含粗细加工间、面点间、冷菜间、冻库等)			2			

序　号	设施设备评分表	各大项总　分	各分项总　分	各次分项总　分	各小项总　分	计分	记分栏
5.2.2	为某特定类型餐厅配有专门厨房（每个1分,最多2分）			2			
5.2.3	位置合理、布局科学,传菜线路不与非餐饮公共区域交叉			2			
5.2.4	冷、热制作间分隔			1			
5.2.5	配备与厨房相适应的保鲜和冷冻设施,生熟分开			1			
5.2.6	粗细加工间分隔			1			
5.2.7	洗碗间位置合理			1			
5.2.8	厨房与餐厅间采用有效的隔音、隔热、隔味措施			1			
5.2.9	厨房内、灶台上采取有效的通风、排烟措施			1			
5.3	酒吧、茶室及其他吧室		7				
5.3.1	装修与装饰（包含台、家具、餐具、饮具等）			4			
	专业设计,材质高档、工艺精致,氛围协调,呈现一定主题				4		
	较好材质与工艺				2		
	普通材质与工艺				1		
5.3.2	氛围			3			
	环境高雅、独特,装饰及灯光设计有专业性				3		
	氛围较好				2		
	氛围一般				1		
5.4	餐饮区域整体舒适度		8				
5.4.1	整体设计有专业性,格调高雅,色调协调,有艺术感			2			
5.4.2	温、湿度适宜,通风良好,无炊烟及烟酒异味			2			
5.4.3	专业设计照明,环境舒适,无噪声。背景音乐曲目、音量适宜,音质良好			2			
5.4.4	餐具按各菜式习惯配套齐全,无破损、无水渍			2			
5.4.5	任一餐厅（包括宴会厅）与其厨房不在同一楼层			−2			
6	安全设施	16					
6.1	客房安全设施		8				
6.1.1	电子卡门锁或其他高级门锁			2			

序　号	设施设备评分表	各大项总　分	各分项总　分	各次分项总　分	各小项总　分	计分	记分栏
6.1.2	客房门有自动闭合功能			1			
6.1.3	贵重物品保险箱			3			
6.1.3.1	位置隐蔽,照明良好,方便使用				1		
6.1.3.2	数量				2		
	100%的客房配备					2	
	不少于50%的客房配备					1	
6.1.4	客房配备逃生电筒,使用有效			1			
6.1.5	客房配备与宾客人数相等的防毒面具			1			
6.2	公共区域		6				
6.2.1	有安保人员24小时值班、巡逻			2			
6.2.2	闭路电视监控			2			
	覆盖饭店所有公共区域。画面清晰,定期保存监控资料(以当地有关部门规定为准)				2		
	电梯、大堂、走廊、停车场出入口等主要公共区域有闭路电视监控				1		
6.2.3	通往后台区域有明显提示,有安全可靠的钥匙管理制度				1		
6.2.4	各通道显著位置设有紧急出口标志				1		
6.3	食品安全		2				
	设食品留样化验室,并有相应管理制度				2		
	设食品留样柜				1		
7	员工设施	7					
7.1	有独立的员工食堂		1				
7.2	有独立的更衣间		1				
7.3	有员工浴室		1				
7.4	有倒班宿舍		1				
7.5	有员工专用培训教室,配置必要的教学仪器和设备		1				
7.6	有员工活动室		1				
7.7	有员工电梯(或服务电梯)		1				
8	特色类别	183					
8.1	商务会议型旅游饭店设施		70				
8.1.1	行政楼层			14			
8.1.1.1	专设接待台,可办理入住、离店手续,并提供问询、留言等服务				1		

序　号	设施设备评分表	各大项总　分	各分项总　分	各次分项总　分	各小项总　分	计分	记分栏
8.1.1.2	提供电脑上网、复印、传真等服务				1		
8.1.1.3	有小会议室或洽谈室				1		
8.1.1.4	有餐饮区域(行政酒廊,提供早餐、欢乐时光、下午茶),面积与行政楼层客房数相匹配,应设置备餐间				4		
8.1.1.5	设阅览、休息区域				1		
8.1.1.6	可提供管家式服务				2		
8.1.1.7	设公共卫生间				1		
8.1.1.8	行政楼层的客房				3		
8.1.1.8.1	客用品配置高于普通楼层客房				2		
8.1.1.8.2	附设写字台电话,且有"一键式"呼叫管家服务按钮				1		
8.1.2	大宴会厅或多功能厅(应配有与服务面积相匹配的厨房)			23			
8.1.2.1	面积(面积计算以固定隔断为准,序厅面积达不到要求,减1分)				6		
	无柱,不小于800m²,且序厅不小于250m²					6	
	不小于500m²,且序厅不小于150m²					4	
	不小于240m²,且序厅不小于70m²					2	
8.1.2.2	净高度				3		
	不低于6m					3	
	不低于5m					2	
	不低于3.5m					1	
8.1.2.3	设专用入口				1		
8.1.2.4	设专用通道(楼梯、自动扶梯等)				1		
8.1.2.5	装修与装饰				4		
	专业设计、材质高档、工艺精致、氛围协调					4	
	材质高档,工艺较好					2	
	材质一般,工艺一般					1	
8.1.2.6	音响效果良好,隔音效果良好				1		
8.1.2.7	通风良好,温度适宜				1		
8.1.2.8	配设衣帽间				1		
8.1.2.9	灯光				3		
	专业设计,可营造不同氛围					3	
	灯光分区控制,亮度可调节					2	

序　号	设施设备评分表	各大项总　分	各分项总　分	各次分项总　　分	各小项总　分	计分	记分栏
	灯光分区控制				1		
8.1.2.10	设贵宾休息室,位置合理,并有专用通道进入大宴会厅				2		
8.1.3	会议厅			12			
8.1.3.1	面积(如有多个会议厅,可以累计得分,但总分不超过8分)				4		
	不小于400m²					4	
	不小于300m²					3	
	不小于200m²					2	
8.1.3.2	有坐席固定的会议厅				2		
8.1.3.3	小会议室(至少容纳8人开会)				3		
	不少于4个					3	
	不少于2个					1	
8.1.3.4	通风良好,温度适宜				1		
8.1.3.5	灯光分区控制,亮度可调节,遮光效果良好				1		
8.1.3.6	隔音效果良好				1		
8.1.4	会议设施			4			
8.1.4.1	同声传译功能设置(设备可租借)				1		
8.1.4.2	电视电话会议功能设置(设备可租借)				1		
8.1.4.3	多媒体演讲系统(电脑、即席发言麦克风、投影仪、屏幕等)				1		
8.1.4.4	各会议室音响效果良好				1		
8.1.5	展览厅(布展面积)			8			
	至少5000m²,层高不低于10m					8	
	至少2000m²,层高不低于7m					4	
8.1.6	商务中心			9			
8.1.6.1	位置合理,方便宾客使用				1		
8.1.6.2	配备完整的办公设施(包括复印机、打印机、传真机、装订机、手机充电器等),提供秘书服务、报刊杂志				2		
8.1.6.3	装修与装饰				3		
	专业设计、材质高档、工艺精致、与整体氛围协调,与饭店规模和档次匹配					3	
	材质较好,工艺较好					2	
	材质一般,工艺一般					1	

序　号	设施设备评分表	各大项总　分	各分项总　分	各次分项总　　分	各小项总　分	计分	记分栏
8.1.6.4	有洽谈室(或出租式办公室)				2		
8.1.6.5	有相对独立区域，提供可连接互联网的电脑				1		
8.2	休闲度假型旅游饭店设施	65					
8.2.1	温泉浴场			5			
	自用温泉浴场(饭店同一业主投资经营)				5		
	邻近温泉浴场(1km 以内)				2		
8.2.2	海滨浴场			5			
	自用海滨浴场或有租用 5 年以上合同(饭店同一业主投资经营)				5		
	邻近海滨浴场(1km 以内)				2		
8.2.3	滑雪场			5			
	自用滑雪场(饭店同一业主投资经营)				5		
	邻近滑雪场(5km 以内)				2		
8.2.4	高尔夫球场			5			
	18 洞以上的自用高尔夫球场(饭店同一业主投资经营)				5		
	邻近 18 洞以上的高尔夫球场(5km 以内)				2		
8.2.5	客房阳台			2			
	不少于 50% 的客房有阳台				2		
	不少于 30% 的客房有阳台				1		
8.2.6	除必备要求外，有多种风味餐厅			5			
	风味餐厅数量不少于 3 个				5		
	风味餐厅数量不少于 2 个				3		
8.2.7	游泳池			10			
8.2.7.1	室内游泳池面积				3		
	不小于 250m^2				3		
	不小于 150m^2				2		
	不小于 80m^2				1		
8.2.7.2	室外游泳池面积				2		
	不小于 300m^2				2		
	不小于 150m^2				1		
8.2.7.3	有池水循环过滤系统				1		
8.2.7.4	有消毒池				1		
8.2.7.5	有戏水池				1		

序　号	设施设备评分表	各大项总分	各分项总分	各次分项总分	各小项总分	计分	记分栏
8.2.7.6	有水深、水温和水质的明显指示标志(立式或墙上)				1		
8.2.7.7	有扶手杆,在明显位置悬挂救生设备;有安全说明,并有专人负责现场安全与指导;有应急照明设施				1		
8.2.8	桑拿浴			2			
8.2.8.1	男女分设				1		
8.2.8.2	有呼叫按钮和安全提示				1		
8.2.9	蒸汽浴			2			
8.2.9.1	男女分设				1		
8.2.9.2	有呼叫按钮和安全提示				1		
8.2.10	专业保健理疗			1			
8.2.11	水疗			7			
8.2.11.1	装修装饰				3		
	专业灯光、音响设计,装修材质高档、工艺精致、氛围浓郁					3	
	装修材料普通,装修工艺一般					1	
8.2.11.2	配有专业水疗技师				2		
8.2.11.3	专业水疗用品商店				1		
8.2.11.4	有室外水疗设施				1		
8.2.12	壁球室(每个1分,最多2分)			2			
8.2.13	室内网球场(每个2分,最多4分)			4			
8.2.14	室外网球场(每个1分,最多2分)			2			
8.2.15	室外高尔夫练习场			2			
8.2.16	室内电子模拟高尔夫			1			
8.2.17	有儿童活动场所和设施,并有专人看护			1			
8.2.18	其他运动娱乐休闲项目(每类1分,最多4分)			4			
8.3	其他		48				
8.3.1	健身房			18			
8.3.1.1	布局合理、通风良好、照明良好(与客房区域相对隔离)				2		
8.3.1.2	自然采光,光线充足				2		
8.3.1.3	装修装饰				3		
	专业设计,装修材质高档、工艺精致,氛围营造突出					3	

序 号	设施设备评分表	各大项总 分	各分项总 分	各次分项总 分	各小项总 分	计分	记分栏
	装修材质较好,工艺较好					2	
	装修材质普通,工艺一般					1	
8.3.1.4	面积				4		
	不小于200m²					4	
	不小于100m²					2	
	不小于50m²					1	
8.3.1.5	器械				2		
	专业健身器械,不少于10种					2	
	不少于5种					1	
8.3.1.6	有音像设施和器械使用说明				1		
8.3.1.7	有专用形体房,并开设一定形体课程				2		
8.3.1.8	配备专业健身教练,提供专业指导				2		
8.3.2	更衣室			7			
8.3.2.1	面积和数量				2		
	面积宽敞,更衣箱数量不少于客房总数的15%,门锁可靠					2	
	面积宽敞,更衣箱数量不少于客房总数的10%,门锁可靠					1	
8.3.2.2	配备数量适当的座椅				1		
8.3.2.3	有淋浴设施,并有洗浴、洗发用品				2		
8.3.2.4	有化妆台,并备有吹风机和护肤、美发用品				1		
8.3.2.5	有太阳浴设备				1		
8.3.3	专用团队宾客接待台			1			
8.3.4	团队宾客专用出入口			1			
8.3.5	美容美发室			1			
8.3.6	歌舞厅、演艺厅或KTV			2			
8.3.7	影剧场,舞台设施和舞台照明系统能满足一般演出需要			2			
8.3.8	定期歌舞表演			1			
8.3.9	专卖店或商场(对于度假型饭店,应提供当地特色产品或食品)			2			
8.3.10	旅游信息电子查询系统			1			
8.3.11	品牌化、集团化程度			2			
	委托专业饭店管理公司管理					2	
	品牌特许经营方式,国内同一品牌加盟店20家以上					1	

序　号	设施设备评分表	各大项总　分	各分项总　分	各次分项总　　分	各小项总　分	计分	记分栏
8.3.12	饭店总经理资质			2			
8.3.12.1	总经理连续5年以上担任同星级饭店高级管理职位				1		
8.3.12.2	总经理接受过全国或省级旅游岗位培训指导机构开展的饭店管理专业教育或培训，取得《全国旅游行业岗位职务培训证书》				1		
8.3.13	员工中通过"饭店职业英语等级测试"的人数比率			2			
	通过率20%以上				2		
	通过率15%以上				1		
8.3.14	饭店在前期设计或改造工程的决策中			3			
	采纳相应星级评定机构的意见				3		
	征询相应星级评定机构的意见				1		
8.3.15	在商务会议、度假特色类别中集中选项，得分率超过70%			3			
总　　分				600			

附　录　C

（规范性附录）

饭店运营质量评价表

表 C.1 给出了饭店运营质量评价表。

表 C.1　饭店运营质量评价表

序　号	标　　准	评	价		
1. 总体要求					
1.1	管理制度与规范	优	良	中	差
1.1.1	有完备的规章制度	6	4	2	1
1.1.2	有完备的操作程序	6	4	2	1
1.1.3	有完备的服务规范	6	4	2	1
1.1.4	有完备的岗位安全责任制与各类突发事件应急预案,有培训、演练计划和实施记录	6	4	2	1
1.1.5	制订饭店人力资源规划,有明确的考核、激励机制,有系统的员工培训制度和实施记录,企业文化特色鲜明	6	4	2	1
1.1.6	建立能源管理与考核制度,有完备的设备设施运行、巡检与维护记录	6	4	2	1
1.1.7	建立宾客意见收集、反馈和持续改进机制	6	4	2	1
1.2	员工素养	优	良	中	差
1.2.1	仪容仪表得体,着装统一,体现岗位特色;工服整洁、熨烫平整,鞋袜整洁一致;佩戴名牌,着装效果好	6	4	2	1
1.2.2	训练有素、业务熟练,应变能力强,及时满足宾客合理需求	6	4	2	1
1.2.3	各部门组织严密、沟通有效,富有团队精神	6	4	2	1
小　　计		60			
实际得分					
得分率(实际得分/该项总分×100%)					
2. 前厅					
2.1	前厅服务质量				
2.1.1	总机	优	良	中	差
2.1.1.1	在正常情况下,电话铃响 10 秒钟内应答	3	2	1	0
2.1.1.2	接电话时正确问候宾客,同时报出饭店名称,语音清晰,态度亲切	3	2	1	0
2.1.1.3	转接电话准确、及时、无差错(无人接听时,15 秒钟后转回总机)	3	2	1	0

序　号	标　　　准	评		价	
2.1.1.4	熟练掌握岗位英语或岗位专业用语	3	2	1	0
2.1.2	预订	优	良	中	差
2.1.2.1	及时接听电话,确认宾客抵离时间,语音清晰,态度亲切	3	2	1	0
2.1.2.2	熟悉饭店各项产品,正确描述房型差异,说明房价及所含内容	3	2	1	0
2.1.2.3	提供预订号码或预订姓名,询问宾客联系方式	3	2	1	0
2.1.2.4	说明饭店入住的有关规定,通话结束前重复确认预订的所有细节,向宾客致谢	3	2	1	0
2.1.2.5	实时网络预订,界面友好,及时确认	3	2	1	0
2.1.3	入住登记	优	良	中	差
2.1.3.1	主动、友好地问候宾客,热情接待	3	2	1	0
2.1.3.2	与宾客确认离店日期,对话中用姓氏称呼宾客	3	2	1	0
2.1.3.3	询问宾客是否需要贵重物品寄存服务,并解释相关规定	3	2	1	0
2.1.3.4	登记验证,信息上传效率高、准确无差错	3	2	1	0
2.1.3.5	指示客房或电梯方向,或招呼行李员为宾客服务,祝愿宾客入住愉快	3	2	1	0
2.1.4	*行李服务	优	良	中	差
2.1.4.1	正常情况下,有行李服务人员在门口热情友好地问候宾客	3	2	1	0
2.1.4.2	为宾客拉开车门或指引宾客进入饭店	3	2	1	0
2.1.4.3	帮助宾客搬运行李,确认行李件数,轻拿轻放,勤快主动	3	2	1	0
2.1.4.4	及时将行李送入房间,礼貌友好地问候宾客,将行李放在行李架或行李柜上,并向宾客致意	3	2	1	0
2.1.4.5	离店时及时收取行李,协助宾客将行李放入车辆中,并与宾客确认行李件数	3	2	1	0
2.1.5	礼宾、问询服务	优	良	中	差
2.1.5.1	热情友好、乐于助人,及时响应宾客合理需求	3	2	1	0
2.1.5.2	熟悉饭店各项产品,包括客房、餐饮、娱乐等信息	3	2	1	0
2.1.5.3	熟悉饭店周边环境,包括当地特色商品、旅游景点、购物中心、文化设施、餐饮设施等信息;协助安排出租车	3	2	1	0
2.1.5.4	委托代办业务效率高、准确无差错	3	2	1	0
2.1.6	*叫醒服务	优	良	中	差
2.1.6.1	重复宾客的要求,确保信息准确	3	2	1	0
2.1.6.2	有第二遍叫醒,准确、有效地叫醒宾客,人工叫醒电话正确问候宾客	3	2	1	0
2.1.7	结账	优	良	中	差
2.1.7.1	确认宾客的所有消费,提供总账单,条目清晰、正确完整	3	2	1	0
2.1.7.2	效率高,准确无差错	3	2	1	0
2.1.7.3	征求宾客意见,向宾客致谢并邀请宾客再次光临	3	2	1	0
2.2	前厅维护保养与清洁卫生	优	良	中	差
2.2.1	地面:完整,无破损、无变色、无变形、无污渍、无异味,清洁、光亮	3	2	1	0

续表

序　号	标　　　准	评		价	
2.2.2	门窗:无破损、无变形、无划痕、无灰尘	3	2	1	0
2.2.3	天花板(包括空调排风口):无破损、无裂痕、无脱落、无灰尘、无水迹、无蛛网、无污渍	3	2	1	0
2.2.4	墙面(柱):平整,无破损、无开裂、无脱落、无污渍、无蛛网	3	2	1	0
2.2.5	电梯:平稳、有效,无障碍、无划痕、无脱落、无灰尘、无污渍	3	2	1	0
2.2.6	家具:稳固、完好,与整体装饰风格相匹配,无变形、无破损、无烫痕、无脱漆、无灰尘、无污渍	3	2	1	0
2.2.7	灯具:完好、有效,与整体装饰风格相匹配,无灰尘、无污渍	3	2	1	0
2.2.8	盆景、花木、艺术品:无枯枝败叶,修剪效果好,无灰尘、无异味、无昆虫,与整体装饰风格相匹配	3	2	1	0
2.2.9	总台及各种设备(贵重物品保险箱、电话、宣传册及册架、垃圾桶、伞架、行李车、指示标志等):有效,无破损、无污渍、无灰尘	3	2	1	0
	小　　计	111			
	实际得分				
	得分率(实际得分/该项总分×100%)				

3. 客房

3.1	客房服务质量				
3.1.1	整理客房服务	优	良	中	差
3.1.1.1	正常情况下,每天14时前清扫客房完毕。如遇"请勿打扰"标志,按相关程序进行处理	3	2	1	0
3.1.1.2	客房与卫生间清扫整洁,无毛发、无灰尘、无污渍	3	2	1	0
3.1.1.3	所有物品已放回原处,所有客用品补充齐全	3	2	1	0
3.1.1.4	应宾客要求更换床单、被套、毛巾、浴巾等	3	2	1	0
3.1.2	*开夜床服务	优	良	中	差
3.1.2.1	正常情况下,每天17~21时提供开夜床服务;如遇"请勿打扰"标志,按相关程序进行处理	3	2	1	0
3.1.2.2	客房与卫生间清扫整洁,无毛发、无灰尘、无污渍	3	2	1	0
3.1.2.3	所有物品已整理整齐,所有客用品补充齐全	3	2	1	0
3.1.2.4	床头灯处于打开状态,遮光窗帘已充分闭合	3	2	1	0
3.1.2.5	床边垫巾和拖鞋放置到位,电视遥控器、洗衣袋等放置方便宾客取用	3	2	1	0
3.1.2.6	床头放置晚安卡或致意品	3	2	1	0
3.1.3	*洗衣服务	优	良	中	差
3.1.3.1	洗衣单上明确相关信息(服务时间、价格、服务电话、送回方式等),配备饭店专用环保洗衣袋	3	2	1	0
3.1.3.2	应宾客要求,及时收集待洗衣物,并仔细检查	3	2	1	0
3.1.3.3	在规定时间内送还衣物,包装、悬挂整齐	3	2	1	0

序　号	标　　　准	评		价	
3.1.3.4	所有的衣物已被正确洗涤、熨烫,如果污渍不能被清除,书面告知宾客	3	2	1	0
3.1.4	*微型酒吧	优	良	中	差
3.1.4.1	小冰箱运行状态良好,无明显噪声,清洁无异味	3	2	1	0
3.1.4.2	提供微型酒吧价目表,价目表上的食品、酒水与实际提供的相一致	3	2	1	0
3.1.4.3	食品、酒水摆放整齐,且标签朝外,均在保质期之内	3	2	1	0
3.1.4.4	及时补充微型酒吧上被耗用的物品,应要求及时供应冰块和饮用水	3	2	1	0
3.2	客房维护保养与清洁卫生	优	良	中	差
3.2.1	房门:完好、有效、自动闭合,无破损、无灰尘、无污渍	3	2	1	0
3.2.2	地面:完整、无破损、无变色、无变形、无污渍、无异味	3	2	1	0
3.2.3	窗户、窗帘:玻璃明亮,无破损、无污渍、无脱落、无灰尘	3	2	1	0
3.2.4	墙面:无破损、无裂痕、无脱落、无灰尘、无水迹、无蛛网	3	2	1	0
3.2.5	天花板(包括空调排风口):无破损、无裂痕、无脱落、无灰尘、无水迹、无蛛网、无污渍	3	2	1	0
3.2.6	家具:稳固、完好,无变形、无破损、无烫痕、无脱漆、无灰尘、无污渍	3	2	1	0
3.2.7	灯具:完好、有效,无灰尘、无污渍	3	2	1	0
3.2.8	布草(床单、枕头、被子、毛毯、浴衣等):配置规范、清洁,无灰尘、无毛发、无污渍	3	2	1	0
3.2.9	电器及插座(电视、电话、冰箱等):完好、有效、安全,无灰尘、无污渍	3	2	1	0
3.2.10	客房内印刷品(服务指南、电视节目单、安全出口指示图等):规范、完好、方便取用,字迹图案清晰,无折皱、无涂抹、无灰尘、无污渍	3	2	1	0
3.2.11	绿色植物、艺术品:与整体氛围相协调,完整、无褪色、无脱落、无灰尘、无污渍	3	2	1	0
3.2.12	床头(控制)柜:完好、有效、安全,无灰尘、无污渍	3	2	1	0
3.2.13	贵重物品保险箱:方便使用,完好有效,无灰尘、无污渍	3	2	1	0
3.2.14	客房电话机:完好、有效,无灰尘、无污渍,旁边有便笺和笔	3	2	1	0
3.2.15	卫生间门、锁:安全、有效,无破损、无灰尘、无污渍	3	2	1	0
3.2.16	卫生间地面:平坦,无破损、无灰尘、无污渍,排水畅通	3	2	1	0
3.2.17	卫生间墙壁:平整,无破损、无脱落、无灰尘、无污渍	3	2	1	0
3.2.18	卫生间天花板:无破损、无裂痕、无脱落、无灰尘、无水迹、无蛛网、无污渍	3	2	1	0
3.2.19	面盆、浴缸、淋浴区:洁净,无毛发、无灰尘、无污渍	3	2	1	0
3.2.20	水龙头、淋浴喷头等五金件:无污渍、无滴漏,擦拭光亮	3	2	1	0
3.2.21	恭桶:洁净,无堵塞,噪声低	3	2	1	0
3.2.22	下水:通畅,无明显噪声	3	2	1	0
3.2.23	排风系统:完好,运行时无明显噪声	3	2	1	0
3.2.24	客用品(毛巾、口杯等):摆放规范、方便使用,完好,无灰尘、无污渍	3	2	1	0
	小　　　计	126			
	实际得分				
	得分率(实际得分/该项总分×100%)				

序 号	标 准	评 价			
	4. 餐饮				
4.1	餐饮服务质量				
4.1.1	自助早餐服务	优	良	中	差
4.1.1.1	在宾客抵达餐厅后,及时接待并引座。正常情况下,宾客就座的餐桌已经布置完毕	3	2	1	0
4.1.1.2	在宾客入座后及时提供咖啡或茶	3	2	1	0
4.1.1.3	所有自助餐食及时补充,适温、适量	3	2	1	0
4.1.1.4	食品和饮品均正确标记说明,标记牌洁净统一	3	2	1	0
4.1.1.5	提供加热过的盘子取用热食,厨师能够提供即时加工服务	3	2	1	0
4.1.1.6	咖啡或茶应宾客要求及时添加,适时更换烟灰缸	3	2	1	0
4.1.1.7	宾客用餐结束后,及时收拾餐具,结账效率高、准确无差错。宾客离开餐厅时,向宾客致谢	3	2	1	0
4.1.1.8	自助早餐食品质量评价	3	2	1	0
4.1.2	正餐服务	优	良	中	差
4.1.2.1	在营业时间,及时接听电话,重复并确认所有预订细节	3	2	1	0
4.1.2.2	在宾客抵达餐厅后,及时接待并引座。正常情况下,宾客就座的餐桌已经布置完毕	3	2	1	0
4.1.2.3	提供菜单和酒水单,熟悉菜品知识,主动推荐特色菜肴,点单时与宾客保持目光交流	3	2	1	0
4.1.2.4	点菜单信息完整(如烹调方法、搭配等),点单完毕后与宾客确认点单内容	3	2	1	0
4.1.2.5	点单完成后,及时上酒水及冷盘(头盘),根据需要适时上热菜(主菜),上菜时主动介绍菜名	3	2	1	0
4.1.2.6	根据不同菜式要求及时更换、调整餐具,确认宾客需要的各种调料,提醒宾客小心餐盘烫手。西餐时,主动提供面包、黄油	3	2	1	0
4.1.2.7	向宾客展示酒瓶,在宾客面前打开酒瓶。西餐时,倒少量酒让主人鉴酒	3	2	1	0
4.1.2.8	红葡萄酒应是常温,白葡萄酒应是冰镇。操作玻璃器皿时,应握杯颈或杯底	3	2	1	0
4.1.2.9	宾客用餐结束后,结账效率高、准确无差错,主动征询宾客意见并致谢	3	2	1	0
4.1.2.10	正餐食品质量评价	3	2	1	0
4.1.3	*酒吧服务(大堂吧、茶室)	优	良	中	差
4.1.3.1	宾客到达后,及时接待,热情友好,提供酒水单,熟悉酒水知识,主动推荐,点单时与宾客保持目光交流	3	2	1	0
4.1.3.2	点单后,使用托盘及时上齐酒水,使用杯垫,主动提供佐酒小吃	3	2	1	0
4.1.3.3	提供的酒水与点单一致,玻璃器皿与饮料合理搭配,各种酒具光亮、洁净,无裂痕、无破损,饮品温度合理	3	2	1	0
4.1.3.4	结账效率高、准确无差错,向宾客致谢	3	2	1	0

序　号	标　　　准	评　　价			
4.1.4	*送餐服务	优	良	中	差
4.1.4.1	正常情况下,及时接听订餐电话,熟悉送餐菜单内容,重复和确认预订的所有细节,主动告知预计送餐时间	3	2	1	0
4.1.4.2	正常情况下,送餐的标准时间为:事先填写好的早餐卡:预订时间5分钟内;临时订早餐:25分钟内;小吃:25分钟内;中餐或晚餐:40分钟内	3	2	1	0
4.1.4.3	送餐时按门铃或轻轻敲门(未经宾客许可,不得进入客房);礼貌友好地问候宾客;征询宾客托盘或手推车放于何处,为宾客摆台、倒酒水、介绍各种调料	3	2	1	0
4.1.4.4	送餐推车保持清洁,保养良好。推车上桌布清洁、熨烫平整。饮料、食品均盖有防护用具	3	2	1	0
4.1.4.5	送餐推车上摆放鲜花瓶。口布清洁、熨烫平整,无污渍。盐瓶、胡椒瓶及其他调味品盛器洁净,装满	3	2	1	0
4.1.4.6	送餐完毕,告知餐具回收程序(如果提供回收卡,视同已告知),向宾客致意,祝愿宾客用餐愉快	3	2	1	0
4.1.4.7	送餐服务食品质量评价	3	2	1	0
4.2	餐饮区域维护保养与清洁卫生	优	良	中	差
4.2.1	餐台(包括自助餐台):稳固、美观、整洁	3	2	1	0
4.2.2	地面:完整、无破损、无变色、无变形、无污渍、无异味	3	2	1	0
4.2.3	门窗及窗帘:玻璃明亮、无破损、无变形、无划痕、无灰尘	3	2	1	0
4.2.4	墙面:平整、无破损、无裂痕、无脱落、无灰尘、无水迹、无蛛网	3	2	1	0
4.2.5	天花板(包括空调排风口):平整、无破损、无裂痕、无脱落、无灰尘、无水迹、无蛛网	3	2	1	0
4.2.6	家具:稳固、完好、无变形、无破损、无烫痕、无脱漆、无灰尘、无污染	3	2	1	0
4.2.7	灯具:完好、有效、无灰尘、无污渍	3	2	1	0
4.2.8	盆景、花木:无枯枝败叶,修剪效果好,无灰尘、无异味、无昆虫	3	2	1	0
4.2.9	艺术品:有品位、完整、无褪色、无灰尘、无污渍	3	2	1	0
4.2.10	客用品(包括台布、餐巾、面巾、餐具、烟灰缸等):方便使用、完好、无破损、无灰尘、无污渍	3	2	1	0
	小　　计	117			
	实际得分				
	得分率(实际得分/该项总分×100%)				
5. 其他服务项目					
5.1	*会议、宴会服务	优	良	中	差
5.1.1	提供多种厅房布置方案,并有详细文字说明	3	2	1	0
5.1.2	各种厅房的名称标牌位于厅房显著位置,到厅房的方向指示标志内容清晰,易于理解	3	2	1	0
5.1.3	各厅房的灯光、空调可独立调控	3	2	1	0

序 号	标 准	评		价	
5.1.4	有窗户的厅房配备窗帘,遮光效果好	3	2	1	0
5.1.5	厅房之间有良好的隔音效果,互不干扰	3	2	1	0
5.1.6	台布、台呢整洁平整、完好,无灰尘、无污渍	3	2	1	0
5.1.7	音响、照明、投影等设施提前调试好,功能正常	3	2	1	0
5.1.8	会议期间,及时续水,响应宾客需求	3	2	1	0
5.1.9	会议休息期间,摆正椅子,整理台面,清理垃圾	3	2	1	0
5.2	*健身房	优	良	中	差
5.2.1	营业时间不少于12小时,热情问候、接待	3	2	1	0
5.2.2	提供毛巾及更衣柜钥匙。有安全提示,提醒宾客保管贵重物品	3	2	1	0
5.2.3	温度合理、清洁卫生、感觉舒适、无异味	3	2	1	0
5.2.4	健身器械保养良好、易于操作,并配有注意事项,必要时向宾客讲解器械操作指南	3	2	1	0
5.2.5	照明、音像设施运行正常,照明充足、音质良好,备有饮水机与水杯	3	2	1	0
5.3	*游泳池	优	良	中	差
5.3.1	水深标记及安全提示清晰、醒目(在显眼处张贴当地安全法规,要在游泳池边上能清楚地看见游泳池深度标志)	3	2	1	0
5.3.2	游泳池周边保持清洁卫生、照明充足	3	2	1	0
5.3.3	水温适当,室内游泳池水温不低于25℃,水质洁净、无混浊	3	2	1	0
5.3.4	配备专职救生人员及相应救生设施	3	2	1	0
5.3.5	提供数量充足的躺椅,且位置摆放合理,保养良好。室外游泳池提供数量充足的遮阳伞,且保养良好	3	2	1	0
5.3.6	提供毛巾,并及时更换宾客用过的毛巾。应宾客要求提供饮品	3	2	1	0
5.4	*更衣室	优	良	中	差
5.4.1	天花板、墙面、地面保养良好,保持清洁,无破损,无脱落,无开裂,无污渍	3	2	1	0
5.4.2	通风良好、照明合理、更衣柜保持清洁,保养良好	3	2	1	0
5.4.3	淋浴间保持洁净,布置合理,方便使用,沐浴用品保持充足	3	2	1	0
5.4.4	提供洁净的毛巾,洗涤篮保持在未满状态	3	2	1	0
5.5	*商务中心、商店、休闲娱乐项目	优	良	中	差
5.5.1	商务中心应明示各项服务收费规定,员工业务熟练、效率高、质量好	3	2	1	0
5.5.2	商品部商品陈列美观、明码标价、质量可靠、包装精美、与饭店整体氛围相协调,结账效率高、准确无差错	3	2	1	0
5.5.3	休闲娱乐设施完好、有效、安全,无灰尘、无污渍、无异味	3	2	1	0
5.5.4	休闲娱乐项目热情接待、服务周到,外包项目管理规范	3	2	1	0
	小 计	84			
	实际得分				
	得分率(实际得分/该项总分×100%)				

续表

序　号	标　　准	评　价			
	6. 公共、后台区域				
6.1	周围环境	优	良	中	差
6.1.1	庭院(花园)完好,花木修剪整齐,保持清洁	3	2	1	0
6.1.2	停车场、回车线标线清晰,车道保持畅通	3	2	1	0
6.1.3	店标(旗帜)、艺术品等保养良好,无破损、无污渍	3	2	1	0
6.2	楼梯、走廊、电梯厅	优	良	中	差
6.2.1	地面:完整,无破损、无变色、无变形、无污渍、无异味	3	2	1	0
6.2.2	墙面:平整,无破损、无裂痕、无脱落、无污渍、无水迹、无蛛网	3	2	1	0
6.2.3	天花板(包括空调排风口):平整,无破损、无裂痕、无脱落、无灰尘、无水迹、无蛛网	3	2	1	0
6.2.4	灯具、装饰物:保养良好,无灰尘、无破损	3	2	1	0
6.2.5	家具:洁净,保养良好,无灰尘、无污渍	3	2	1	0
6.2.6	紧急出口与消防设施:标志清晰,安全通道保持畅通	3	2	1	0
6.2.7	公用电话机:完好、有效、清洁	3	2	1	0
6.2.8	垃圾桶:完好、清洁	3	2	1	0
6.3	公共卫生间	优	良	中	差
6.3.1	地面:完整,无破损、无变色、无变形、无污渍、无异味,光亮	3	2	1	0
6.3.2	墙面:平整,无破损、无裂痕、无脱落、无灰尘、无水迹、无蛛网	3	2	1	0
6.3.3	天花板(包括空调排风口):平整,无破损、无裂痕、无脱落、无灰尘、无水迹、无蛛网	3	2	1	0
6.3.4	照明充足、温湿度适宜、通风良好	3	2	1	0
6.3.5	洗手台、恭桶、小便池保持洁净,保养良好,无堵塞、无滴漏	3	2	1	0
6.3.6	梳妆镜完好、无磨损,玻璃明亮,无灰尘、无污渍	3	2	1	0
6.3.7	洗手液、擦手纸充足,干手器完好、有效、方便使用,厕位门锁、挂钩完好、有效	3	2	1	0
6.3.8	残疾人厕位(或专用卫生间):位置合理,空间适宜,方便使用	3	2	1	0
6.4	后台区域	优	良	中	差
6.4.1	通往后台区域的标志清晰、规范,各区域有完备的门锁管理制度	3	2	1	0
6.4.2	后台区域各通道保持畅通,无杂物堆积	3	2	1	0
6.4.3	地面:无油污、无积水、无杂物,整洁	3	2	1	0
6.4.4	天花板(包括空调排风口):无破损、无裂痕、无脱落、无灰尘、无水迹、无蛛网	3	2	1	0
6.4.5	墙面:平整,无破损、无开裂、无脱落、无污渍、无蛛网	3	2	1	0
6.4.6	各项设备维护保养良好,运行正常,无"跑、冒、滴、漏"现象	3	2	1	0
6.4.7	在醒目位置张贴有关安全、卫生的须知	3	2	1	0
6.4.8	餐具的清洗、消毒、存放符合卫生标准要求,无灰尘、无水渍	3	2	1	0
6.4.9	食品的加工与贮藏严格做到生、熟分开,操作规范	3	2	1	0

续表

序 号	标 准	评		价	
6.4.10	有防鼠、蟑螂、蝇类、蚊虫的装置与措施,完好有效	3	2	1	0
6.4.11	各类库房温度、湿度适宜,照明、通风设施完备有效,整洁卫生	3	2	1	0
6.4.12	下水道无堵塞、无油污,保持畅通无阻	3	2	1	0
6.4.13	排烟与通风设备无油污、无灰尘,定期清理	3	2	1	0
6.4.14	垃圾分类收集,日产日清;垃圾房周围保持整洁,无保洁死角	3	2	1	0
6.4.15	员工设施(宿舍、食堂、浴室、更衣室、培训室等)管理规范,设施设备保养良好、整洁卫生	3	2	1	0
	小 计	102			
	实际得分				
	得分率(实际得分/该项总分×100%)				
	总 分	600			
	实际总得分				
	总得分率				

《旅游饭店星级的划分与评定》
（GB/T 14308—2010）实施办法

一、总　　则

第一条　为适应中国旅游饭店业发展的需要，增强饭店星级评定与复核工作的规范性和科学性，依据中华人民共和国国家标准《旅游饭店星级的划分及评定》（GB/T 14308—2010），特制定本办法。

第二条　各级旅游饭店星级评定机构应严格按照本办法的相关要求，开展饭店星级评定与复核工作。

第三条　星级饭店应按照《统计法》和《旅游统计调查制度》的要求，按时向旅游行政管理部门报送相关统计数据。

二、星级评定的组织机构和责任

第四条　国家旅游局设全国旅游星级饭店评定委员会（以下简称为"全国星评委"）。全国星评委是负责全国星评工作的最高机构。

（一）职能：统筹负责全国旅游饭店星评工作；聘任与管理国家级星评员；组织五星级饭店的评定和复核工作；授权并监管地方旅游饭店星级评定机构开展工作。

（二）组成人员：全国星评委由中国旅游协会领导、中国旅游饭店业协会领导、国家旅游局监督管理司领导、政策法规司领导、监察局领导、中国旅游协会和中国旅游饭店业协会秘书处相关负责人及各省、自治区、直辖市旅游星级饭店评定委员会主任组成。

（三）办事机构：全国星评委下设办公室，作为全国星评委的办事机构，设在中国旅游饭店业协会秘书处。

（四）饭店星级评定职责和权限：

1. 执行饭店星级评定工作的实施办法；

2. 授权和督导地方旅游饭店星级评定机构的星级评定和复核工作；

3. 对地方旅游饭店星级评定机构违反规定所评定和复核的结果拥有否决权；

4. 实施或组织实施对五星级饭店的星级评定和复核工作；

5. 统一制作和核发星级饭店的证书、标志牌；

6. 按照《饭店星评员章程》（附件1）要求聘任国家级星评员，监管其工作；

7. 负责国家级星评员的培训工作。

第五条　各省、自治区、直辖市旅游局（委）设省级旅游星级饭店评定委员会（简称"省级星评委"）。省级星评委报全国星评委备案后，根据全国星评委的授权开展星评和复核工作。

（一）组成人员：省级星评委的组建，根据本地实际情况确定，由地方旅游行业管理部门负责人和旅游饭店协会负责人等组成。

（二）办事机构：省级星评委下设办公室为办事机构，可设在当地旅游局（委）行业管理处或旅游饭店协会。

（三）饭店星级评定职责和权限：

省级星评委依照全国星评委的授权开展以下工作：

1. 贯彻执行并保证质量完成全国星评委部署的各项工作任务；

2. 负责并督导本省内各级旅游饭店星级评定机构的工作；

3. 对本省副省级城市、地级市（地区、州、盟）及下一级星级评定机构违反规定所评定的结果拥有否决权；

4. 实施或组织实施本省四星级饭店的星级评定和复核工作；

5. 向全国星评委推荐五星级饭店并严格把关；

6. 按照《饭店星评员章程》要求聘任省级星评员；

7. 负责副省级城市、地级市（地区、州、盟）星评员的培训工作。

第六条　副省级城市、地级市（地区、州、盟）旅游局（委）设地区旅游星级饭店评定委员会（简称"地区星评委"）。地区星评委在省级星评委的指导下，参照省级星评委的模式组建。

（一）组成人员：地区星评委可由地方旅游行业管理部门负责人和旅游饭店协会负责人等组成。

（二）办事机构：地区星评委的办事机构可设在当地旅游局（委）行业管理处（科）或旅游饭店协会。

（三）地区星评委依照省级星评委的授权开展以下工作：

1. 贯彻执行并保证质量完成全国星评委和省级星评委布置的各项工作任务；

2. 负责本地区星级评定机构的工作；

3. 按照《饭店星评员章程》要求聘任地市级星评员，实施或组织实施本地区三星级及以下饭店的星级评定和复核工作；

4. 向省级星评委推荐四、五星级饭店。

三、星级申报及标志使用要求

第七条 饭店星级评定遵循企业自愿申报的原则。

第八条 凡在中华人民共和国境内正式营业一年以上的旅游饭店，均可申请星级评定。经评定达到相应星级标准的饭店，由全国旅游饭店星级评定机构颁发相应的星级证书和标志牌。星级标志的有效期为三年。

第九条 饭店星级标志应置于饭店前厅最明显位置，接受公众监督。饭店星级标志已在国家工商行政管理总局商标局登记注册为证明商标，其使用要求必须严格按照《星级饭店图形证明商标使用管理规则》执行。任何单位或个人未经授权或认可，不得擅自制作和使用。同时，任何饭店以"准×星"、"超×星"或者"相当于×星"等作为宣传手段的行为均属违法行为。

第十条 饭店星级证书和标志牌由全国星评委统一制作、核发。标志牌工本费按照国家相关部门批准的标准收取。

第十一条 每块星级标志牌上的编号，与相应的星级饭店证书号一致。每家星级饭店原则上只可申领一块星级标志牌。如星级标志牌破损或丢失，应及时报告，经所在省级星评委查明属实后，可向全国星评委申请补发。

星级饭店如因更名需更换星级证书，可凭工商部门有关文件证明进行更换，同时必须交还原星级证书。

四、星级评定的标准和基本要求

第十二条 饭店星级评定依据《旅游饭店星级的划分及评定》（GB/T 14308—2010）进行，具体要求如下：

（一）《旅游饭店星级的划分及评定》附录 A "必备项目检查表"。该表规定了各星级必须具备的硬件设施和服务项目。要求相应星级的每个项目都必须达标，缺一不可。

（二）《旅游饭店星级的划分及评定》附录 B "设施设备评分表"（硬件表，共 600 分）。该表主要是对饭店硬件设施的档次进行评价打分。三、四、五星级规定最低得分线：三星 220 分、四星 320 分、五星 420 分，一、二星级不作要求。

（三）《旅游饭店星级的划分及评定》附录 C "饭店运营质量评价表"（软件表，共 600 分）。该表主要是评价饭店的 "软件"，包括对饭店各项服务的基本流程、设施维护保养和清洁卫生方面的评价。三、四、五星级规定最低得分率：三星 70%、四星 80%、五星 85%，一、二星级不作要求。

第十三条 申请星级评定的饭店，如达不到本办法第十二条要求及最低分数或得分率，则不能取得所申请的星级。

第十四条 星级饭店强调整体性，评定星级时不能因为某一区域所有权或经营权的分离，或因为建筑物的分隔而区别对待。饭店内所有区域应达到同一星级的质量标准和管理要求。否则，星评委对饭店所申请星级不予批准。

第十五条 饭店取得星级后，因改造发生建筑规格、设施设备和服务项目的变化，关闭或取消原有设施设备、服务功能或项目，导致达不到原星级标准的，必须向相应级别星评委申报，接受复核或重新评定。否则，相应级别星评委应收回该饭店的星级证书和标志牌。

五、星级评定程序和执行

第十六条 五星级按照以下程序评定：

1. 申请。申请评定五星级的饭店应在对照《旅游饭店星级的划分及评定》（GB/T 14308—2010）充分准备的基础上，按属地原则向地区星评委和省级星评委逐级递交星级申请材料。申请材料包括：饭店星级申请报告、自查打分表、消防验收合格证（复印件）、卫生许可证（复印件）、工商营业执照（复印件）、饭店装修设计说明等。

2. 推荐。省级星评委收到饭店申请材料后，应严格按照《旅游饭店星级的划分及评定》（GB/T 14308—2010）的要求，于一个月内对申报饭店进行星评工作指导。对符合申报要求的饭店，以省级星评委名义向全国星评委递交推荐报告。

3. 审查与公示。全国星评委在接到省级星评委推荐报告和饭店星级申请材料后，应在一个月内完成审定申请资格、核实申请报告等工作，并对通过资格审查的饭店，在中国旅游网和中国旅游饭店业协会网站上同时公示。对未通过资格审查的饭店，全国星评委应下发正式文件通知省级星评委。

4. 宾客满意度调查。对通过五星级资格审查的饭店，全国星评委可根据工作需要安排宾客满意度调查，并形成专业调查报告，作为星评工作的参考意见。

5. 国家级星评员检查。全国星评委发出《星级评定检查通知书》，委派二到三名国家级星评员，以明察或暗访的形式对申请五星级的饭店进行评定检查。评定检查工作应在 36～48 小时内完成。检查未予通过的饭店，应根据全国星评委反馈的有关意见进行整改。全国星评委接到饭店整改完成并申请重新检查的报告后，于一个月内再次安排评定检查。

6. 审核。检查结束后一个月内，全国星评委应根据检查结果对申请五星级的饭店进行审核。审核的主要内容及材料有：国家级星评员检查报告（须有国家级星评员签名）、星级评定检查反馈会原始记录材料（须有国家级星评员及饭店负责人签名）、依据《旅游饭店星级的划分及评定》（GB/T 14308—2010）打分情况（打分总表须有国家级星评员签名）等。

7. 批复。对于经审核认定达到标准的饭店，全国星评委应做出批准其为五星级旅游饭店的批复，并授予五星级证书和标志牌。对于经审核认定达不到标准的饭店，全国星评委应做出不批准其为五星级饭店的批复。批复结果在中国旅游网和中国旅游饭店业协会网站上同时公示，公示内容包括饭店名称、全国星评委受理时间、国家级星评员评定检查时间、国家级星评员姓名、批复时间。

8. 申诉。申请星级评定的饭店对星评过程及其结果如有异议，可直接向国家旅游局申诉。国家旅游局根据调查结果予以答复，并保留最终裁定权。

9. 抽查。国家旅游局根据《国家级星评监督员管理规则》（附件2），派出国家级星评监督员随机抽查星级评定情况，对星评工作进行监督。一旦发现星评过程中存在不符合程序的现象或检查结果不符合标准要求的情况，国家旅游局可对星级评定结果予以否决，并对执行该任务的国家级星评员进行处理。

第十七条 一星级到四星级饭店的评定程序，各级星评委应严格按照相应职责和权限，参照五星级饭店评定程序执行。一、二、三星级饭店的评定检查工作应在24小时内完成，四星级饭店的评定检查工作应在36小时内完成。全国星评委保留对一星级到四星级饭店评定结果的否决权。

第十八条 对于以住宿为主营业务，建筑与装修风格独特，拥有独特客户群体，管理和服务特色鲜明，且业内知名度较高旅游饭店的星级评定，可按照本办法第十六条要求的程序申请评定五星级饭店。

第十九条 白金五星级饭店的评定标准和检查办法另行制订。

第二十条 星级评定工作由相应级别星评委委派饭店星评员承担。各级星评委在委派饭店星评员执行工作时，应尽量按照不同地区、不同职业（行业管理人员、院校专家、企业管理人员）的原则进行搭配。

第二十一条 各级星评委应按照《饭店星评员章程》组建相应的星评员队伍，并将名单在其辖区范围内公布。每届星评员任期两年，到期后根据实际情况进行换届。省级星评员名单需报全国星评委备案。

第二十二条 在五星级饭店星评工作中，相关单位和个人应严格遵守《饭店星评工作"十不准"》（附件3）。一旦违反"十不准"规定，全国星评委将给予以下相应处理：对国家级星评员给予通报批评或取消资格；对地方星级评定机构给予通报批评；对受评饭店给予通报批评或取消星评资格并于五年内不接受星评申请。四星级及以下星级饭店评定工作应参照执行。

第二十三条 星级评定检查工作暂不收费。星评员往返受检饭店的交通费以及评定期间在饭店内所发生的合理费用，均由受检饭店据实核销。

六、星级复核及处理制度

第二十四条　星级复核是星级评定工作的重要组成部分，其目的是督促已取得星级的饭店持续达标，其组织和责任划分完全依照星级评定的责任分工。星级复核分为年度复核和三年期满的评定性复核。

第二十五条　年度复核工作由饭店对照星级标准自查自纠、并将自查结果报告相应级别星评委，相应级别星评委根据自查结果进行抽查。

评定性复核工作由各级星评委委派星评员以明察或暗访的方式进行。

各级星评委应于本地区复核工作结束后进行认真总结，并逐级上报复核结果。

第二十六条　全国星评委委派二至三名国家级星评员同行，以明察或暗访的方式对饭店进行评定性复核检查。全国星评委可根据工作需要，对满三期的五星级饭店进行宾客满意度调查，并形成专业调查报告，作为评定性复核的参考意见。

第二十七条　对复核结果达不到相应标准的星级饭店，相应级别星评委根据情节轻重给予限期整改、取消星级的处理，并公布处理结果。对于取消星级的饭店，应将其星级证书和星级标志牌收回。

第二十八条　对星级饭店的复核结果进行处理的具体依据：

（一）凡被复核饭店出现以下情况，相应级别星评委应做出"限期整改"的处理意见：

五星级："必备项目检查表"达标，但附录 B "设施设备评分表"得分低于420分但高于380分，或附录 C "饭店运营质量评价表"得分率低于85%但高于75%。

四星级："必备项目检查表"达标，但附录 B "设施设备评分表"得分低于320分但高于280分，或附录 C "饭店运营质量评价表"得分率低于80%但高于70%。

三星级："必备项目检查表"达标，但附录 B "设施设备评分表"得分低于220分但高于180分，或附录 C "饭店运营质量评价表"得分率低于70%但高于60%。

（二）凡被复核饭店出现以下任何一种情况，相应级别星评委应做出"取消星级"的处理意见：

五星级：（1）"必备项目检查表"不达标；（2）"必备项目检查表"达标，但附录B"设施设备评分表"得分低于380分；（3）"必备项目检查表"达标，但附录C"饭店运营质量评价表"得分率低于75%；（4）发生重大事故，或遭遇重大投诉事件并被查实，造成恶劣影响；（5）停止饭店经营业务或停业装修改造一年以上。

四星级：（1）"必备项目检查表"不达标；（2）"必备项目检查表"达标，但附录B"设施设备评分表"得分低于280分；（3）"必备项目检查表"达标，但附录C"饭店运营质量评价表"得分率低于70%；（4）发生重大事故，或遭遇重大投诉事件并被查实，造成恶劣影响；（5）停止饭店经营业务或停业装修改造一年以上。

三星级：（1）"必备项目检查表"不达标；（2）"必备项目检查表"达标，但附录B"设施设备评分表"得分低于180分；（3）"必备项目检查表"达标，但附录C"饭店运营质量评价表"得分率低于60%；（4）发生重大事故，或遭遇重大投诉事件并被查实，造成恶劣影响；（5）停止饭店经营业务或停业装修改造一年以上。

二星级：（1）"必备项目检查表"不达标；（2）发生重大事故，或遭遇重大投诉事件并被查实，造成恶劣影响；（3）停止饭店经营业务或停业装修改造一年以上。

一星级：（1）"必备项目检查表"不达标；（2）发生重大事故，或遭遇重大投诉事件并被查实，造成恶劣影响；（3）停止饭店经营业务或停业装修改造一年以上。

第二十九条 整改期限原则上不能超过一年。被取消星级的饭店，自取消星级之日起一年后，方可重新申请星级评定。

第三十条 各级星评委对星级饭店做出处理的责任划分依照星级评定的责任分工执行。全国星评委保留对各星级饭店复核结果的最终处理权。

第三十一条 接受评定性复核的星级饭店，如其正在进行大规模装修改造，或者其他适当原因而致使暂停营业，可以在评定性复核当年年前提出延期申请。经查属实后，相应级别星评委可以酌情批准其延期一次。延期复核的最长时限不应超过一年，如延期超过一年，须重新申请星级评定。

第三十二条　国家旅游局根据《国家级星评监督员管理规则》，派出国家级星评监督员随机抽查年度复核和评定性复核情况，对复核工作进行监督。一旦发现复核过程中存在不符合程序的现象或检查结果不符合标准要求的情况，国家旅游局可对星级复核结果予以否决。

七、附　则

第三十三条　本办法由国家旅游局负责解释。

第三十四条　本办法于2011年1月1日起开始实施。

附件：

1. 饭店星评员章程

2. 国家级星评监督员管理规则

3. 饭店星评工作"十不准"

附件1　　　　　　　　　饭店星评员章程

根据《中华人民共和国行政许可法》和《旅游饭店星级的划分与评定》（GB/T 14308—2010），为确保饭店星级评定工作质量，规范饭店星级评定工作，加强对饭店星级评定人员（以下简称"饭店星评员"）的监督和管理，制定本章程。

一、星评员的划分和任职条件

第一条　饭店星评员分为：国家级星评员、地方级星评员（含省级和地市级）和星级饭店内审员。国家级星评员和地方级星评员主要由政府行业管理人员、饭店高级管理人员和有关专家学者组成。

第二条　星评员基本条件：

1. 有较高的政策水平和较强的法制观念，具有良好的思想品德和职业操守；

2. 有丰富的饭店业务知识，全面掌握《旅游饭店星级的划分与评定》（GB/T 14308—2010）；

3. 有较高的分析判断能力和口头、文字表达能力；

4. 有严谨、科学的工作作风。

第三条 担任国家级星评员的人员在符合基本条件的前提下，还应符合以下任意一项要求：

1. 在省级以上旅游管理部门（含旅游协会）工作的行业管理人员。

2. 在四星级以上（含四星级）饭店连续担任高级管理职务五年以上，且任期内饭店经营业绩良好，在业内具有一定声誉的在职经理人。

3. 理论水平较高，在饭店业具有一定影响力的理论工作者。

第四条 担任地方级星评员的人员在符合基本条件的前提下，还应符合以下任意一项要求：

1. 具有较为丰富经验的饭店行业管理人员；

2. 在星级饭店连续担任高级管理职务五年以上，且任期内饭店经营业绩良好，在本省（自治区、直辖市）业内具有一定声誉的在职经理人；

3. 理论水平较高，在饭店业具有一定影响力的理论工作者。

第五条 星级饭店内审员应由本饭店的中高级管理人员担任。

二、星评员的选聘办法和职责

第六条 国家级星评员由全国旅游星级饭店评定委员会（以下简称"星评委"）负责选聘。接受全国星评委的委派，承担全国范围内的饭店星级评定、复核和其他检查工作。

第七条 地方级星评员由省级星评委或地区星评委负责选聘。接受省级星评委或地区星评委的委派，按照职责分工，承担辖区内饭店星级评定、复核和其他检查工作。

第八条 星级饭店内审员由各饭店指定。星级饭店内审员根据相应星评委的指导和安排，依照星级标准，执行对所在饭店的检查、复核工作，并同时向所在饭店管理层和所在地区星评委办公室报告工作。

三、星评员的工作要求

第九条 星评员在相应星评委有组织有计划的安排下，可以明察或暗访方式对受检饭店进行检查，要预先研究受检饭店的申请报告或复核自查报告及相关材料，掌握受检饭店的概况和特点；检查结束时向受检饭店全面反馈检查情况，就其星级达标情况提出规范的书面报告。各级星评员应保持清正、廉洁的作风，未经相应星评委授权，不得随意实施对饭店的检查工作。

第十条　饭店星级评定或复核时，要据实评判各项必备条件的具备情况和饭店设施设备、饭店运营质量的得分情况，并写出书面检查报告及时呈交委派工作的星评委。

第十一条　星评员向受检饭店和相应星评委做出的反馈意见应严谨，规范，条理清晰，具有较高的针对性和指导性。对于不达标的饭店，要提出明确的整改要求。

第十二条　星级饭店内审员应按照星级标准和所在地星评委的要求，检查所在饭店的达标情况，敦促饭店管理层就所存在的问题及时整改，并向所在地星评委做出书面报告。

第十三条　饭店星评员接受聘用单位的检查、监督和管理。

四、星评员的工作守则

第十四条　服从相应星评委的安排，认真履行星评员的各项职责。

第十五条　按规定时间抵达受检饭店，主动出示相关证件和《星级评定/复核检查通知书》。

第十六条　在受检饭店工作时间应不少于相关规定的要求。

第十七条　不得以个人理解随意解释标准，不得做超越权限的评论和表态。

第十八条　检查期间要着正装，保持衣履整洁、举止文明、谦虚谨慎、尊重受检饭店的员工。

第十九条　在保证检查效果的前提下，提倡节俭，反对铺张。

第二十条　不得向受检饭店提出与检查无关的要求，不得为个人或亲属谋取私利。受检饭店可就任何星评员的违规行为向相应星评委举报，星评委经调查核实后可进行查处。

五、星评员的管理

第二十一条　按照谁聘用谁管理的原则，各级星评员的日常管理和工作安排由聘用单位负责。

第二十二条　各级星评委对所聘星评员的变化、工作态度、工作质量和受检饭店对其工作的评价应有详细的记载，并作为是否续聘的重要依据。各级星评委每年以书面形式逐级报告上述内容。

第二十三条　全国星评委办公室负责对全国的星评员实施宏观管理，星评员资格不搞终身制，对个别不称职或玩忽职守的星评员可及时进行撤换。

第二十四条 任期内的星评员一旦离开与饭店业相关的工作岗位，其星评员资格自行取消，空缺名额由原聘用单位按照任职条件重新选聘。

第二十五条 星评员由聘用单位颁发证书，证书格式由全国星评委统一确定。

附件2   国家级星评监督员管理规则

根据国家旅游局"三定方案"，为加强对饭店星级评定工作的监督，维护星级标准的权威性，提升星级饭店的服务水准，国家旅游局决定建立国家级星评监督员（以下简称"星评监督员"）队伍。为保证星级饭店服务质量监管工作顺利开展，特制定本管理规则。

一、星评监督员的组织机构和选聘条件

第一条 星评监督员由国家旅游局负责选聘。接受国家旅游局的委派，承担全国范围内的星级饭店暗访和其他检查工作。

第二条 星评监督员主要由政府行业管理人员、饭店中高级管理人员和有关专家学者组成。

第三条 星评监督员基本条件：

1. 有较高的政策水平和较强的法制观念，具有良好的思想品德和职业操守；

2. 有丰富的饭店业务知识，全面掌握《旅游饭店星级的划分与评定》（GB/T 14308）、《星级饭店访查规范》（LB/T 006—2006）及其他相关标准；

3. 有较高的分析判断能力和口头、文字表达能力；

4. 有严谨、科学的工作作风。

第四条 担任星评监督员的人员在符合基本条件的前提下，还应至少符合以下任意一项要求：

1. 在省级、地级旅游管理部门（含旅游协会）工作的行业管理人员。

2. 在四星级以上（含四星级）饭店连续担任中、高级管理职务三年以上，且任期内饭店服务质量良好，在业内具有一定声誉的在职经理人。

3. 理论水平较高，在饭店业具有一定影响力的理论工作者。

二、星评监督员的工作要求

第五条　星评监督员在国家旅游局有组织有计划的安排下，主要以暗访方式对星级饭店或者正在申报星级的饭店进行检查。未经国家旅游局授权，不得随意实施对星级饭店的检查工作。

第六条　星评监督员必须严格按照《旅游饭店星级的划分与评定》（GB/T 14308）、《星级饭店访查规范》（LB/T 006—2006）、《星级饭店暗访检查制度》和饭店星评工作"十不准"等有关标准和制度实施检查工作。

第七条　星评监督员应在结束检查后一周内，向国家旅游局提交书面检查报告和相关照片（或录像录音资料）。检查报告应观点鲜明、格式规范、条理清晰，具有较强的针对性和指导性。

三、星评监督员的管理

第八条　星评监督员应服从国家旅游局合理的工作安排，认真履行工作职责，接受国家旅游局的检查、监督和管理。

第九条　国家旅游局对星评监督员的工作量、工作态度和工作质量进行详细记载和考核，作为是否续聘的重要依据。

第十条　星评监督员每届任期为两年。对任期内表现优秀的星评监督员，国家旅游局可进行续聘。对任期内不能履行其职责或玩忽职守的星评监督员，国家旅游局将予以解聘。

第十一条　任期内的星评监督员一旦离开与行业相关的工作岗位，其星评监督员资格自行取消，空缺名额由国家旅游局按照任职条件重新选聘。

第十二条　星评监督员由国家旅游局统一颁发和制作证书。

第十三条　星评监督员的培训、考评由国家旅游局负责。

附件3　　　　　饭店星评工作"十不准"

一、国家级星评员工作"十不准"

1. 不准收受饭店赠送的现金、有价证券（卡）、纪念品或礼物。

2. 不准对饭店提出检查项目之外的要求，或出现酗酒等影响星评员形象的行为。

3. 不准降低星级饭店检查标准和简化星级饭店检查评定程序，或以自己的好恶来随意解释和评判星级标准。

4. 不准向地方星评机构和受评饭店就饭店是否通过评定发表意见。

5. 不准接受饭店所在地政府和旅游部门，以及受评饭店安排的店外宴请。

6. 不准带随从、助手等其他人员一同参与星评工作或代替星评工作。

7. 不准在暗访检查中以任何方式向地方星评机构、饭店及其他相关人员泄露自己的真实身份、行程安排和检查情况。

8. 不准请饭店或地方星评机构代为评定打分、撰写和邮寄检查报告。

9. 不准以辅导、咨询、培训、管理等名义向饭店推荐或洽谈与星评工作无关的业务事宜，或向饭店打听与星评工作无关的商业秘密。

10. 不准要求、暗示和接受地方星评机构与受评饭店安排与星评工作无关的旅游及其他休闲娱乐活动。

二、地方星评机构及受评五星级饭店评定工作"十不准"

1. 不准提供与饭店星级评定相关的虚假信息。

2. 不准向星评员提出或暗示降低星级标准、简化检查程序的要求。

3. 不准以评审费、专家咨询费等任何名义向星评员支付现金、赠送有价证券（卡）和礼物。

4. 不准举办针对星评员的专门的欢迎仪式（设置横幅和标牌、鲜花等）。

5. 不准超规格安排星评员住房（只按一个标准房和一个普通套房安排房间），或在星评员的房间内做超常布置或放置超常规客用品。

6. 不准为星评员安排店外宴请。

7. 不准为星评员谋取私利提供便利。

8. 不准为星评员专门安排与星评工作无关的游览活动。

9. 不准以任何方式打听暗访检查星评员的姓名、行程安排和检查情况。

10. 不准代替星评员评定打分、撰写和邮寄检查报告。

饭店节能减排 100 条

[减少能源浪费]

1. 建立详细的室内温度标准

饭店应确定不同时段、不同区域的温度要求，并严格执行。温度标准的建立要满足客人的舒适度要求。例如，饭店的室内温度控制在17℃~28℃，相对湿度控制在40%~70%，夏季取高值，冬季取低值。室内温度的变化对空调系统的能耗有较大影响。经验表明，冬季室内温度上升1℃或夏季室内温度下降1℃，空调工程的投资可下降6%左右，而运行费用则可减少8%左右。

2. 建立能源使用的巡视检查制度

饭店能源使用的巡视检查制度用于发现饭店设备使用和运行中存在的"跑电、冒汽、滴水、漏油"现象，减少能源浪费。例如，饭店公共卫生间水龙头的滴漏、抽水恭桶的水箱漏水等应该及时发现并得到维修；后勤区域的"长明灯"、"长流水"现象通过巡检得以杜绝。据检测，国内一般的饭店由于"跑、冒、滴、漏"造成的能源浪费在5%~10%。

3. 建立详细的室内照度标准和点灭要求

饭店确定不同区域的室内照度标准和灯具点灭制度，严格执行。照度标准和灯具点灭制度的建立要满足客人的使用要求。例如，饭店大堂照度控制在1000lx，庭院照明灯夏季在早晨5:00关闭，冬季则可在早晨6:30关闭。灯具的点灭尽可能采用自动控制。经验表明，自动控制的照明系统可根据日照条件和需要营造的氛围调节电压和照射度，比传统的控制方式可节电20%左右。在没有安装自动感应控制器的场所，饭店应制定点灭制度进行人工控制。

4. 减少办公设备的待机时间

饭店的办公设备主要包括电脑、打印机、传真机、复印机以及饮水机等。工作结束后，及时关闭办公室的所有电气设备，不要让办公室电气设备处于待机状态。检测表明，电脑显示器、饮水机等设备的待机电耗为工作电耗的12%~

20%。另外，饭店办公、后勤服务区域尽量减少空调的使用，利用开窗、开门的方式保持室内空气的品质。

5. 改进日常操作中浪费能源的操作习惯

饭店所有的服务、操作流程都消耗能源，因此，饭店应积极发动员工，改进服务操作流程，改变服务、操作中浪费能源的习惯，有利于减少能源浪费。例如，餐厅包厢的服务员在清理包厢时，只开启工作灯，关闭装饰灯；前厅员工给客人排房，尽量将客人集中安排，减少空调系统设备的开启。经验表明，服务、操作流程的改进能减少5%的能源消耗。

6. 改变饭店员工传统的着装方式

饭店在设计员工工服时，不仅满足工作岗位的要求、饭店礼仪的要求，更应与天气状况相适应，降低饭店员工对空调的要求。例如，夏季，饭店员工，尤其是管理层员工不穿西装，改为衬衫等较为凉爽的工装；度假型饭店，商务礼仪的需求较少，饭店员工可着轻便、凉爽的工装，减少空调负荷。

7. 改变餐厅菜肴展示方式

饭店餐厅减少明档的使用，改变餐厅菜肴的展示方式。餐厅明档的使用直接增加了饭店空调的负荷，并影响室内空气质量。例如，在夏季，空调处于制冷工况时，餐厅内不宜设置使用明火保温或煲汤的食品台；在冬季，空调处于采暖工况时，餐厅内不宜设置保鲜陈列展示柜。自助早餐的食品制作台应有独立的区域，并在食品制作结束时及时关闭明火。

8. 建立正确的设备操作规范

饭店为每一台设备制定正确的、详细的操作规范。操作规范应包括设备操作、维护保养、存放、交接等方面的内容和要求。员工正确操作设备，既可提高设备的使用寿命，又可减少能源损失。正确的操作规范能有效避免设备的空转、"带病使用"等问题，也能避免设备滥用现象。

9. 减少电梯的使用

饭店积极倡导员工减少电梯的使用。例如：提倡"上下楼梯时，上一层，下两层，采用走楼梯的方式"；不提重物时，尽量不乘坐电梯；员工不乘坐客梯等。据检测，电梯的耗电量占饭店全部耗电量的10%。经验表明，规范员工的电梯使用，能减少10%的耗电量。

[减少水资源使用]

10. 使用节水龙头

饭店在各个用水点，根据用水的要求和特点，使用相适应的节水龙头。例如，在公共卫生间安装感应型节水龙头。房间卫生间则安装限流量的节水龙头，适当控制水流量，以减少水的浪费。冲洗用的水管，如冲洗车辆、垃圾箱的水管，应在出水口加装水嘴，可随时开关。通常，感应水龙头的节水率在30%以上。

11. 安装并使用中水系统

饭店在新建或重建时，应安装中水系统。没有中水系统的饭店，则通过改造，实现局部的中水回用。例如，饭店在洗衣房、粗加工等处建立废水的回收装置，经沉淀、过滤等处理，满足水质要求，用于洗车、冲洗道路、清洁垃圾房等。饭店也可主动购买中水使用。中水系统使水得到二次利用，减少对优质水源的使用。

12. 使用节水型坐便器

饭店应使用节水型、低噪声坐便器。冲水噪声小，冲水箱的用水分大解小解，引导客人正确使用。逐步淘汰传统的9升以上的坐便器改为6升型或更低用水标准的坐便器。在改造过渡阶段，在保证冲洗质量的前提下，饭店可以在水箱内安装节水芯，或在每个水箱里放一个1.25升的可乐瓶，每次冲洗都能节省相应体积的水。有条件的可使用低压式真空节水型坐便器。

13. 改变员工浴室用水管理方式

饭店在满足员工沐浴的要求下，改变员工浴室的用水管理方式，促使员工节约用水。例如，在员工浴室安装智能感应式节水系统，促使员工自觉控制用水量。智能感应式节水系统通过刷卡的方式来控制阀门的开关，实现自动计费。该系统的实质是通过经济手段，促使员工合理用水，减少水的浪费。

14. 供水管网定期检测漏损

饭店供水管网的漏损应得到定期检测。供水管网漏损比较隐蔽，但漏损量较大，据检测，饭店漏损的水量可达20%。饭店供水管网漏损的检测可以通过专门的水平衡测试进行。饭店也可以在供水管网上安装水表，通常在100米间隔安装一只，通过抄表，获得水网漏水的信息。在日常管理中，可以建立供水管网的巡视制度，及时发现并更换漏水的龙头和管道。

15. 建立雨水收集系统

饭店应安装并使用雨水收集系统，尤其是占地面积较大的饭店，如度假型饭店等。雨水收集系统收集饭店建筑屋顶、硬化道路、广场等的雨水，通过简单的处理并收集即可以用于饭店庭院绿化灌溉、景观水补充等，减少对高品质生活饮用水的使用。

16. 供水管网进行水质处理

饭店的供水系统，尤其是热水供水系统，应进行水质处理或采用新型环保管材，减少"黄水"的产生。"黄水"无法使用，造成水的浪费。同时，"黄水"也影响饭店的品质。

17. 减少棉织品洗涤量

饭店通过"减少床单、毛巾洗涤量的提示卡"引导客人重复使用房间内的棉织品。房间内的棉织品在满足客人要求以及卫生前提下，由"一日一换"的方式改为"一客一换"，以减少棉织品的洗涤量。客房卫生间提供的面巾等棉织品可采用不同的图案或颜色，以方便客人区别使用，减少因不能区分使用引起的棉织品的更换。

18. 循环使用游泳池、水景池的水

饭店游泳池、水景池的水，在符合水质标准的前提下，尽量通过循环水处理的方式来满足水质要求。加强游泳池、水景池的水质管理，减少游泳池、水景池水的更换量，以减少水的使用。

19. 改变饮用水提供方式

饭店在客房饮用水提供、会议饮用水提供方面，可逐渐改变提供方式，以减少饮用水的浪费。如，客房饮用水供应中，由客人按需烧水，不再通过服务人员送水；在会议服务中，可行时，通过设置水台，由客人按需取水，减少饮用水的浪费。

20. 中央空调系统冷却水系统安装收水器，控制飘水

采用循环冷却水的中央空调制冷系统，配置有冷却塔和冷却水泵。冷却水在循环过程中由于蒸发、飘逸等原因，有一定的损失。通常，冷却水在冷却水塔的飘散损失一年达5500多吨，在夏季高峰期一天损失50多吨。使用表明，冷却水塔改造安装了收水器后，能有效降低冷却水的飘散损失。飘散损失减少约45%，同时也改善了环境。

[能源计量]

21. 建立电力计量系统

饭店建立电力计量系统是指在饭店的各工作区域、客用区域，如各工作间、机房、各个客房楼层都安装独立的电表，形成饭店内部的电力计量系统，分别对各区域的用电量进行统计分析。建立电力计量系统是饭店用电管理的基础。

22. 大型耗能设备独立计量

饭店根据设备的配置情况，确定大型耗能设备清单，对所有大型耗能设备单独安装计量表。例如 30kW 以上的大功率用电设备安装独立的电表，直接使用蒸汽的设备安装蒸汽流量表等，以检测这类设备的运转和能耗情况。大功率设备的节能是减少饭店综合能耗的重要内容。

23. 主要用水单位独立计量

饭店用水量较大的设备，如每小时用水量在 0.5 吨以上的用水设备，以及主要的用水单元安装水表，如洗衣房，厨房的管事间、粗加工间等，应单独安装水表计量，以检测这类设备的用水量，减少水的浪费。

24. 能源的储存独立计量

饭店能源的储存要要设置计量仪表独立计量。例如：饭店的地下油罐应安装计量表，以监测储存中产生的漏损，也便于能源的统计工作。通常地下油罐的漏损不易发现，漏油不仅给饭店带来能源损失，也直接污染环境。

25. 能源计量仪表的校准

饭店所有能源计量仪表每年至少进行一次校准，以确保仪表的准确性。计量信息的准确性是能源管理的基本要求。计量仪表的数据信息每日至少记录一次，用于分析能源使用情况。

26. 进行用能的平衡测试

饭店委托专业机构实施用电、用水等的平衡测试。用电、用水的平衡测试是对用电、用水需求侧的一种管理。通过平衡测试，明确饭店各类能源、水等的总用量、构成、分布、流向、用能设备的状况、能源使用效率，是饭店能源管理的重要基础工作。

27. 收集能源使用的相关信息

为分析饭店能源消耗的有效性，在计量能耗时，饭店应同时记录与能耗相关的信息。如，天气状况、饭店出售的客房的人天数、饭店营业额、餐饮营业额、餐厅的用餐人数、棉织品洗涤量等信息。

28. 建立能源使用数据库

饭店应建立能源使用数据库。能源使用数据库为能源管理提供信息，实现对能源使用有效控制。例如，通过能源使用数据库，利用信息通信技术（ICT）（Information and Communication Technology）实施对客房的中央空调控制、照明控制、新风系统控制。

[节能管理与操作]

29. 电力系统进行功率因素补偿

饭店用电设备中大都带有电动机等电感性负荷，因此，交流电动机的功率因素都小于1。为了补偿用电设备的无功损失，提高用电设备的功率因素，需要设置无功补偿柜，对功率因素进行补偿，功率因素应控制在0.9以上。

30. 加强用电设备的维修工作

饭店加强用电设备的维护保养，及时检修，可以降低电耗，节约用电。例如，做好电动机的维修保养，减少转子的转动摩擦，降低电能消耗；加强线路的维护，消除因导线接头不良而造成的发热以及线路漏电现象，节约能源，同时也保证供电安全。

31. 有效管理照明灯具

饭店应根据使用要求，合理设置照明灯具。客房可设置顶灯，满足客房整体照明的要求。衣柜、走廊、客房卫生间等部位的照明应得到有效的控制，确保在非使用时，处于关闭状态，减少电能的浪费。如，饭店的衣柜门可采用百页门、卫生间采用透光窗等形式，使客人能自觉确认衣柜灯处于关闭状态。饭店的照明灯具应经常清洁，确保灯具满足照度的要求。灯具积灰不仅降低灯具的照度要求，也影响饭店的品质。

32. 饭店中央空调系统与运行负荷匹配

饭店中央空调系统绝大部分时间都是在部分负荷下工作的。不同负荷，中央空调制冷机组的性能系数（COP）不同，通常负荷下降，中央空调制冷机组的性能系数也下降，能源使用效率降低。因此，中央空调制冷机组应在最佳运行负载下运行。多台主机运行时，应调整运转台数，确保制冷机组在最佳的运行效率下运行。

33. 饭店中央空调水系统水泵采用变频器节电技术

中央空调系统在设计时通常按天气最热、负荷最大时设计，并且留 10% ～ 20% 设计余量。然而在实际运行中，绝大部分时间中央空调是不会运行在满负荷状态下，存在较大的富余，所以节能的潜力就较大。在中央空调系统中，制冷机组可以根据负载变化随之加载或减载，冷冻水水泵和冷却水水泵却不能随负载变化做出相应调节，存在很大的浪费。通过在冷冻水水泵和冷却水水泵加装变频器，节能效果在 40% 以上。

34. 控制制冷机冷冻水、冷却水出水、回水温度

饭店中央空调制冷机的冷冻水和冷却水的出水、回水温度应按照设备的参数标准进行控制。但是，随着空调负荷的下降，空调系统可以采用变水温运行。制冷机冷却水进口温度下降，冷冻水出口温度上升，机组的制冷效率将提高，能源使用效率就得到提高。

35. 饭店蒸汽管网节能改造

使用蒸汽锅炉的饭店，应对蒸汽管网进行节能改造。蒸汽输送管网应安装疏水阀，注意疏水，提高蒸汽品质。直接使用蒸汽的设备应安装减压阀，减压用气。蒸汽管网运行满足"高压送气、低压用气"的原则。

36. 及时关闭停运的蒸汽管路

饭店许多的用气设备是间断性用气，当用气设备停用后，不但要关闭设备的进气阀，还应关闭整条管路的总阀，使该管路与蒸汽系统隔断。关闭停运管路能防止热量的损失，并减少冷凝水的产生。

37. 实施新风系统管理

饭店应实施新风系统的管理，确保新风系统的正常运行。在人员较少的情况下，在室内空气质量得到保证的前提下，可适当减少新风量。通常，饭店的新风量控制在 10% ～30%，不能少于 10%。新风系统可积极引入余热回收技术，回收回风中的余热，减少热量损失。

38. 控制生活热水的水温

饭店提供的生活热水的出水水温应维持在 46℃~51℃，不超过 60℃。饭店生活热水水温过高浪费能源、热水管网易出现热胀冷缩，引起管网漏水，同时，也容易造成客人的"烫伤事件"。

39. 热力管网维护

热力管网应有良好的保温，特别是对管网中的阀门、法兰等部位更要注意保温。管网维修后，注意对管网保温层的维护。长距离输送热能的管线一般安装在地下，对这样的管线应设计专门的管沟，管沟应密封良好，并建有排水井及时排出管沟中的积水。

40. 清洗空调盘管

饭店每年至少清洗一次空调盘管。不仅可以降低 4%~5% 的能耗，也可以防止霉菌和军团菌在管道和通风口内滋生、污染室内空气。分体式空调每周清洗一次隔尘网，可省电 20% 左右。空调滤网则要经常清洁。

41. 计划调度电力使用

在电力系统运行中，饭店应对用电设备的运行实施计划调度，控制饭店用电总容量，降低峰荷容量，使变压器处于经济运行状态。

42. 定期清洗管线

饭店应定期清洗冷热水管线及锅炉、空调管壁，对水质进行软化处理。防止管路积垢产生热阻，降低热传导效率，造成能耗浪费。

43. 及时关闭停运的空调水系统

中央空调系统在运行时，运行部分水系统的阀门应全开，停运系统的阀门应关闭，防止水量渗漏、短路，造成能源的损失。空调停运时，水系统管路必须满管水保养，不得放空而造成管路腐蚀生锈。冰冻期必须将楼外露天部分管路内的存水放空。

44. 提高锅炉运行效率

饭店锅炉应实现经济运行，提高运行效率。例如，提高燃煤锅炉的运行效率，对锅炉燃烧过程进行管理和控制，如对燃烧煤层厚度的调整、送风的调节、燃煤水分的调整等，实现燃煤锅炉的经济运行。实现燃油锅炉的经济运行。燃油锅炉添加节油剂，促进油的雾化，通过良好的雾化和配风，提高燃烧效率。

45. 设置清晰的用能状态标志

饭店对所有的开关、阀门设置清晰的用能状态标志。标志要能说明开关、阀门开启、闭合的方向及位置，照明开关还应显示开启、关闭的时间，对应的灯具等信息，使员工能准确开闭开关、阀门。

[建筑节能]

46. 采用墙体保温技术

饭店在建筑改造中，积极采用墙体保温技术。墙体保温技术分为墙体内保温和墙体外保温。饭店根据所在地区的气候条件采取不同的措施。墙体保温技术极大提高了建筑保温和隔热的性能，有效降低饭店建筑的能耗，综合节能水平在50%以上。

47. 改善饭店建筑外的热环境

饭店建筑外的热环境影响饭店的能耗。饭店可通过加强建筑周边的环境绿化，减少地面铺装材料的反射率，减少饭店建筑的热岛效应。饭店周边场地不透水的表面，如停车场、人行道、广场等，至少30%的面积应提供遮阳或采用浅色，反射率在0.3~0.5的地面材料。提供遮阳的方式可以采用适应本地气候的树木或植被。

48. 积极采用自然通风的设计

通过自然通风保持饭店室内的环境质量能减少能源的消耗。例如，饭店办公区域能直接对外通风换气、调整饭店内部布局，尤其是大堂等公共区域，实现穿堂风等。

49. 饭店的屋顶应注意隔热处理

饭店建筑屋面尽量采用低反射率的材料，表面颜色为浅色。在条件允许的情况下，采用植被屋顶，屋顶绿化能显著降低室内温度，节能效果在25%以上。坡面的屋顶，则要在建筑顶层天花板上铺装隔热材料。

50. 饭店的外窗设置有效的遮阳系统

南向外窗可采取水平固定遮阳的方式，东、西向的外窗采取室外垂直遮阳的方式。良好的遮阳系统，可减少日射得热的50%~80%。饭店中利用大面积天窗采光的厅堂应在天窗采光部位安装可开启式遮光装置。

51. 尽量减少饭店建筑的窗墙比可以节约空调能耗

窗墙比是指窗的面积与建筑外墙面积的比。建筑物模拟计算表明，窗墙比在30%~50%，饭店建筑的年总能耗量变化不大，但是，当窗墙比超过50%时，空调能耗将明显增加。饭店建筑窗墙比的大小和窗户的遮阳性应综合考虑窗户透射辐射量和自然采光的效果。饭店应采用建筑物的通风、遮阳、自然采光等优化集成节能技术。

52. 提高建筑门窗的气密性

饭店建筑门窗应采用保温和气密性能良好的型材，如铝木复合型材、木及铝合金窗段热型材等。饭店的外窗使用的普通玻璃应更换为新型中空玻璃，以降低辐射，节约能源。使用表明，中空玻璃的使用将减少30%的能源消耗，降低6dB的噪声。

53. 控制饭店外窗的开启面积

饭店的外窗开启面积不应小于窗面积的30%。采用幕墙玻璃的饭店，幕墙玻璃应进行改造，如贴膜，降低玻璃的反射率。透明幕墙应有开启部分或设有通风换气装置，并具有优良的气密性。

54. 控制饭店建筑的体型系数

饭店建筑的体型系数尽量不要超过0.3。体型系数是指建筑物与室外大气接触的外表面积与其包围的体积之比。建筑体型系数超过0.3的饭店，应采取措施，加强建筑物顶、外墙的保温和外窗的隔热性能。

55. 饭店入口的节能改造

饭店散客通道、团队通道应安装双层门或旋转门，员工通道、货物通道可安装风幕，或设计门斗，或悬挂门帘，防止室内冷、热量损失。饭店建筑的通道口应注意避开冬季不利风向。

56. 避免内部大空间的设计

饭店建筑内部空间充分利用，尽量避免中庭空间的设计，必须设置时，饭店建筑的中庭空间夏季应利用通风降温，必要时设置机械排风装置，且中庭的天窗面积应不大于屋顶总面积的20%。尽量避免大面积的大堂的设计，大堂的面积与饭店规模相匹配。大于10米的室内空间，应在顶部设计可控制的自然通风系统，释放热量，减少空调冷负荷。

57. 饭店采用热泵技术

目前常用的是蒸汽压缩式热泵，主要以水、空气或大地为低温热源。大型饭店可以在局部区块采用热泵技术，回收余热，如洗衣房的余热回收，小型饭店则可以根据环境状况，全面使用热泵技术。热泵机组比传统供热机组节能30% ~ 50%。

58. 饭店中央空调系统宜采用二管制系统

饭店中央空调系统分为二管制和四管制两种。二管制是指在中央空调的空气处理设备中只有一个盘管，夏季制冷时，盘管内是冷冻水，冬季采暖时，盘管内是热水。因此，在整个区域中，同一时间，饭店只能供热或制冷。四管制则有两套盘管，能同时供热和制冷，因此，二管制的能源使用成本较低。

59. 功能区域宜相对集中布置

饭店的餐饮、娱乐、会议、健身等功能区域宜相对集中布置。这些区域在饭店中属于公共区域，区域面积大、人流量大、用能周期明显、用能要求高。饭店运行的经验表明，上述功能区域相对独立，集中布置，特别是集中布置于裙房部位，能减少能源的消耗。分散布置降低了用能的规模效益，且增加了管网的损耗。

60. 通过有效通风改善厨房内环境

饭店厨房的主要功能区域，包括炉灶区域、面点间、冷菜间、物料储存间等区域，为改善厨房的工作环境并考虑食品制作的需要，可设置制冷空调。其他区域应采用排气通风改善厨房内环境，并保持厨房内为负压。

61. 合理设置动力机房

各动力机房设置在建筑物负荷中心附近，按管线总路径最短的地点设置。饭店动力机房比较常见的是布置在建筑的地下层，度假村类型的饭店通常将动力机房设置在主体建筑的外围，这样，从动力机房送出的动力需要经过较长的路线才能到末端工作设备，动力在输送过程中的损耗比较大，在10%以上。因此，动力机房宜设置在建筑物中心或负荷中心附近，按管线总路径最短的地点设置。在供热、中央空调等系统中，热交换器、空气集中处理机等设备机房应考虑分别设置在功能区域附近，进行分区供应，以减少能源损耗。

62. 功能区合理设置辅助用房

饭店各功能区设置相应的辅助用房以满足管理、服务功能。例如，饭店厨房宜设置一个主厨房，多个与餐饮配套的小厨房，提高厨房能源使用效率，也提高菜食的质量。

63. 逐步取消饭店自设的洗衣房

饭店洗衣房功能逐渐利用市场服务替代，在市场服务不能满足饭店要求的情况下，洗衣房设施的规模和功能应与饭店的规模、等级相匹配。分析表明，饭店洗衣房的用热能占饭店热能使用量的15%，用水量占饭店总用水量的10%以上，洗衣房的能源使用效率较低。

64. 饭店尽量利用废热、余热资源

饭店周边企业的余热、废热应积极利用。天然能源（如地热、温泉、低温水体、太阳能等）以及城市热网、电网、其他饭店剩余的能源也应积极利用，也可与其他企业联合用能。对上述能源的使用提高了能源使用的综合效率，降低了饭店自身的用能成本。

65. 饭店建筑积极利用可再生能源

饭店利用可再生能源的方式可以是自行设置可再生能源利用系统或购买由可再生能源产生的电能或热能。饭店可利用的可再生能源的主要有：利用太阳能热水器生产热水，以补充饭店生产、生活用热水；庭院、路灯及建筑轮廓灯照明利用太阳能光电技术；在地热条件较好的地区，利用地热采暖或生产生活用热水；饭店内部考虑充分回收利用污水热；位于沿海地区建的饭店，开发利用潮汐能；在风力较大的地区建设高层饭店，采用风力涡轮发电机进行发电以补充饭店的电能；度假村类型的饭店考虑利用沼气等生物质能。饭店利用可再生能源要考虑技术的可行性、设备寿命周期费用等因素。

66. 饭店积极采用热水锅炉

饭店使用自备锅炉供热，应积极采用热水锅炉。蒸汽锅炉的热效率比热水锅炉低3%～5%，而且热水锅炉因为不承压，比蒸汽锅炉安全。从能源类型上看，燃油、燃气锅炉比燃煤锅炉的热效率高、自动化程度高，设备体积小、占地面积小。饭店不宜采用电热锅炉。

67. 系统末端低负荷设备的分离

饭店各系统的末端连接的低负荷设备应景分离，因为这些设备的运行仍要启动系统主机，消耗较多的能源。如在正常时间之外出现的洗衣房的熨烫工作，可在熨烫机附近安装独立的小型蒸汽发生器来提供蒸汽。

68. 饭店制冷机组应采用性能系数（COP）高的机组

性能系数是指在额定工矿和规定条件下，制冷机组进行制冷运行时的制冷量与有效输入功率的比值，也称为能效比（EER），性能系数直接影响空调系统的运行能耗。从机组选型看，压缩式制冷机组的性能系数高于吸收式制冷机组。各类压缩式制冷中，离心式制冷机的性能系数相对最高。

69. 饭店的采暖积极采用地暖系统

地暖系统是地面低温辐射采暖，是将热源敷设在地板之下，通过地板向上辐射热能达到室内采暖的目的。地暖系统热煤低温传送，传送热量损失小，用热效率高，比传统的采暖方式节能25%～30%。

70. 选择合适的中央空调末端设备

饭店中央空调末端设备应与使用区域相匹配。通常在公共区域，如大堂、餐厅、大型会议室等，应采用空气集中处理机，不应使用风机盘管。

71. 锅炉烟气余热适当回收利用

饭店锅炉烟气的排烟温度一般在160℃～250℃，烟气余热回收利用是指采用热交换技术利用烟气中的热量，但这种利用方式要注意不能过量利用烟气余热，烟气温度在降到180℃以下时，会产生酸性凝结水，造成腐蚀。目前，可采用的烟气余热技术是冷凝余热回收锅炉。回收的烟气余热可用于加热生活热水。

72. 冷凝水应回收利用

饭店供热系统中的冷凝水主要是经过热交换器等设备，蒸汽释放了热量后，变成冷凝水，冷凝水的温度非常高，而且不需要进行软化处理，可以立即返回锅炉。冷凝水一般与经过离子交换后的软水混合，提高锅炉炉水的进水温度，提高锅炉的热效率，因此，应设计冷凝水水箱，回收冷凝水。

73. 饭店积极采用节能型光源

在满足饭店照明质量的前提下，积极采用节能型光源。如采用LED灯，在提供相同照度的情况下，消耗的电量为普通光源的30%；日光灯改用T5灯，节电率在40%以上，极大地降低了能源消耗。

74. 饭店对照明系统采用智能节电技术

智能节电技术通过对负载的工作电压、电流进行实时控制，以提供负载时最适宜的工作电压和电流，产生较好的节电效果，并且使灯具寿命大大延长。使用效果显示，饭店的室外霓虹灯、外墙照明、室内照明的节电率在15%以上。

75. 积极采用电梯节能技术。

统计表明，饭店电梯的能耗占饭店用电量的10%左右，因此，采用电梯节能技术有利于饭店降低综合能耗。饭店电梯的节能技术包括改进机械传动和电力拖动系统、制动电能再生利用技术、电梯智能控制技术等。据分析，电梯节能技术的利用将减少电梯的能耗30%以上。

76. 采用楼宇自动控制系统（BAS）

楼宇自动控制系统是智能建筑的核心系统之一。该系统以中央处理计算机为中心，对建筑物内部的设备进行时时控制与管理，能够随时按需调整建筑物内部的温度、湿度、照明强度和空气清新度，达到节约能源与人工成本的效果。饭店应积极采用楼宇自动控制系统，经验表明，与没有BAS系统的建筑相比较，采用BAS系统的建筑可节约能源5%～15%。

77. 变压器合理负载

饭店变压器的额定容量应与饭店的用电要求相匹配，变压器的运行负荷应为额定容量的75%～90%。如果饭店实际的运行负荷经常小于额定容量的50%，则应更换容量较小的变压器，若超过额定容量，则应更换容量较大的变压器。

78. 空调末端装置合理分区

使用时间和功能要求条件不同的服务区域的空调末端装置不应划分在同一空调子系统内。饭店各服务区域的人员流动特征是不同的，这也导致了饭店空调负荷变化的不一致，因此，需要对末端装置进行分离。饭店客房区域也应进行区域划分，分别设置空调子系统。

79. 水泵采用变频技术

饭店用水量波动较大，因此，在供水系统的水泵采用变频技术有利于减少电能的消耗。用水设备包括生产用水设备和生活用水设备，饭店应根据各用水设备的用水特征，选择相应的节水技术和设备对用水量进行控制，或用调节水压的方法以实现节水目标。

80. 客房区域集中提供服务设施

饭店客房区域集中提供服务设施。如在客房楼面配置制冰机、饮水机、自动售卖机的方式提供服务，引导宾客减少房间的小冰箱、电水壶、饮水机等电器的使用，提高能源的综合使用效率。

81. 采用冷热电联产系统

有燃气资源的地区，如果冷热电负荷相对比较稳定，饭店积极采用冷热电联产系统。冷热电联产系统是通过能源的梯级利用，燃料通过热电联产装置将高品位能发电后，其中的低品位的热能用于采暖、生活供热等用途的供热，这一热量也可以驱动吸收式制冷机，用于夏季的空调，从而形成冷热电三联供系统。冷热电联产系统具有较高的能源使用效率。

82. 采用变风量空调系统

变风量空调系统是通过改变送风量的方法实现室内温湿度控制。当室内负荷降低时，系统减少风量的输送，从而降低系统的运行能耗。资料显示，变风量系统能减少30%的能耗，同时提高室内的舒适性。

83. 采用中央空调动态控制系统

中央空调动态控制系统是在中央空调末端风机盘管和信封机组安装电动阀及控制装置，改变了冷冻水的流量，实现空调系统末端设备的动态变化，减少冷量的输送，从而降低系统的运行能耗。使用显示，该系统能节能30%以上。

84. 安装热水循环泵

饭店生活热水系统应安装热水循环泵，减少热水系统热量的损失。但是，热水循环泵的功率要合理设计，避免电量浪费。

85. 积极采用天然冷、热源

饭店周边区域有天然的冷、热源或地热源可能利用时，饭店宜采用水（地）源供冷、供热技术。例如，在低温河水边的饭店，可以利用低温河水作为中央空调系统的冷源，极大降低了中央空调系统的能耗。

86. 客房设置总用电开关

饭店客房应设置总的用电开关，便于客人关闭所有的电源，减少浪费。例如，客房用钥匙插卡取电开关，在客人离开时能自动关闭电源。另外，在客房床头也应设计总的用电控制开关。

[设备选型与管理]

87. 建立饭店能源管理领导小组

饭店建立能源管理领导小组，统一管理、协调能源管理工作。例如，饭店以分管副总为组长，各部门经理为组员，建立领导小组。

88. 设立能源工程师

饭店应设立能源工程师岗位，为饭店的能源管理提供技术支持。能源工程师可由饭店员工担任，也可聘请外部机构的相关人员。

89. 开展合同能源管理

饭店应积极与有资质的节能服务公司合作，推行合同能源管理，提高能源使用效率。

90. 选择节能环保设备

饭店采购设备，要选择"节能型产品"。"节能型产品"应有相关的标志或认证证明。设备工作能力应与系统的使用要求相匹配，杜绝"大马拉小车"现象的出现。

91. 加强饭店设备的维护保养

饭店建立设备的计划维护保养制度，严格实施。加强饭店设备的维护保养，使设备处于完好状态。设备完好，有利于饭店节能。如厨房冰箱门、温控器等的完好，对设备的节能有较大的影响。

92. 及时维修、更换故障设备

饭店建立设备故障的报修、巡视制度，及时发现故障设备，及时维修。对于维修在经济上不合理的设备，应及时更换。"带病运行"的设备无法满足需求、存在安全隐患，并浪费能源。

93. 建立设备操作规范

为饭店员工使用的每一台设备建立标准的节能操作规范。如冰箱的存放容积以80%为宜；吸尘器需要及时清理，否则会降低吸尘效率，增加耗电量；厨房灶具、炊具、容器要定期清洗除垢，以免影响热效率。

94. 正确使用、操作设备

饭店员工应先培训、后上岗，正确使用、正确操作设备，减少能源浪费。设备操作培训要持续进行。建立设备操作巡检制度，及时发现、纠正操作中能源浪费行为。

95. 建立能源管理目标与实施方案

饭店应建立能源管理目标，并将目标进行分解，便于实施。制订与能源管理目标相符合的能源管理实施方案，方案除了常规内容外，应包括节能技术的可行性评价。

[节能宣传和培训]

96. 积极对客宣传

饭店应积极对客宣传，客人的节能行为有利于饭店的节能工作。例如，在饭店的公共区域，如大堂、餐厅等设置节能、低碳宣传角，提高住店客人的节能意识。在客房内设置宣传卡，鼓励客人减少资源、能源的使用。

97. 开展节能营销工作

饭店在市场营销中充分考虑节能工作，例如，配合饭店营销计划，举办节能、减排专题宣传周活动。为客人建立低碳消费记录档案，以便于实施相应的奖励措施，对客人的节能行为进行奖励等。

98. 开展供应商宣传工作

向饭店供应商进行低碳饭店的宣传。饭店的采购量大，涉及多个行业，通过向供应商宣传，促使更多的企业实施低碳生产。

99. 制订节能培训计划

饭店制订系统的节能培训计划并予以实施。培训计划和管理目标应符合实际的情况，并具有连续性。

100. 开展节能培训和奖励

饭店在员工中开展节能培训和讨论，通过丰富多样的形式，调动员工节能的积极性，讨论各项节能操作的可行性，鼓励员工的节能创新行为。例如，设立员工节能创新奖。

中国饭店行业突发事件应急规范（试行）

前　　言

为预防和减少中国饭店行业突发事件的发生，控制、减轻和尽量消除突发事件导致的严重危害，规范突发事件应对活动，全面促进饭店行业健全突发事件应急管理体制，提高应急处置能力，中国旅游饭店业协会依据《中华人民共和国突发事件应对法》、《旅游突发公共事件应急预案》和《中国旅游饭店行业规范》及有关法律、法规，结合饭店行业的特点，特制定《中国饭店行业突发事件应急规范》。

本规范由中国旅游饭店业协会发布并负责解释。

本规范主要起草人：蒋齐康、许京生、谷慧敏、付钢业、刘卫、徐锦祉、杨小鹏、张润钢、王济明、张志军、甘圣宏、马伟萍。

本规范于 2008 年 6 月 11 日发布，自发布之日起试行。

总　　则

第一条　本规范适用于在中国境内开办的各种类型的饭店，含宾馆、饭店、度假村等。

第二条　本规范所称饭店行业突发事件，是指在饭店所负责区域内，突然发生的对客人、员工和其他相关人员的人身和财产安全，造成或者可能造成严重危害，需要饭店采取应急处置措施予以应对的火灾、自然灾害、饭店建筑物和设备设施事故、公共卫生和伤亡事件、社会治安事件，以及公关危机事件等。

第三条　饭店行业突发事件应急管理应贯彻预防为主、预防与应急处置相结合的原则，把应急管理贯穿于饭店管理的全过程，创造安全和谐的饭店环境。

第四条　饭店应成立突发事件应急指挥机构，在突发事件发生时起到协调、统一领导以及快速决策等作用。

第五条　饭店应从实际出发，根据自身的特点，结合本规范制订具体的、符合自身情况的应对危机预案。

第六条　饭店出现超出本规范所列出的类似事件，应依据本规范中的各项原则进行处理。

第一篇　预防准备

第一章　预案建立

第七条　饭店应建立健全突发事件应急预案体系。饭店应遵循法律、法规及相关规定的要求，结合饭店的实际情况，制订相应的突发事件应急预案，并根据实际需要和形势变化，及时修订应急预案。

第八条　饭店应针对突发事件的性质、特点和可能造成的危害程度，对突发事件具体细分等级，制定相应的应急管理程序与制度。

第二章　管理机构

第九条　无论是来自业主方任命还是管理公司派遣，饭店总经理都应是饭店突发事件应急管理第一责任人。总经理和相关管理人员需熟悉本饭店应急管理预案的全部内容，具备应急指挥能力。总经理可授权相关管理人员或机构处置应急事件，但需对处置结果承担责任。

第十条　饭店应安排总经理等高级行政管理人员及各主要部门的负责人，组成危机领导小组或类似的组织作为突发事件应急管理指挥机构，并有效规定所有成员的职责。应急管理指挥机构可视情况需要，在必要时组建现场控制中心及媒体信息中心，并安排相应的执行人员负责推进和落实各项应急处置工作。

第三章　制度体系

第十一条　饭店总经理应切实贯彻国家和上级有关突发事件应急管理的各项法律、法规，保障饭店的营运安全和客人、员工的人身、财产安全；保证饭店应急预案体系健全，操作顺畅有效；落实并有效监督应急管理责任制；妥善处理内部矛盾，对各种安全隐患及时提出整改意见；提高各项技术防范措施的科技含量；为各项预防准备工作争取必要的资金投入。

第十二条　饭店员工应熟悉本岗位的突发事件预防与应急救援职责，掌握相关的应急处置与救援知识，按规定采取预防措施，进行各项操作，服从饭店对突发事件应急处置工作的统一领导、指挥和协调。由本店员工组成的专职或者兼职应急救援队伍在现场执行任务时，应佩戴相应的识别标志，听从现场指挥人员的命令。

第十三条　饭店应定期对所辖区域内容易引发各类突发事件的危险源、危险区域和工作环节进行调查、登记、风险评估，定期检查本店各项安全防范措施的落实情况，掌握并及时处理本店存在的可能引发突发事件的问题，明确提示和要求有关部门、员工及客人采取相应的安全防范措施。

第十四条　饭店应建立健全突发事件应急处置培训制度，对店内负有处置突发事件职责的员工定期进行培训，对本店员工和客人开展应急知识的宣传普及活动和必要的应急演练。

第十五条　危机发生时，各部门和各岗位可视情况需要，立即组织开展力所能及的应急救援和采取紧急控制措施，并立即向饭店突发事件应急管理指挥机构汇报，由其统一领导应急处置工作。各部门负责人应坚决执行各项指令，并及时提供相关的专业建议。事件发生现场的部门负责人应保证与应急管理指挥机构的有效联络，根据指令在现场带领员工实施各项处置工作，并及时通报现场情况。

第十六条　饭店应明确应急处置工作的组织指挥体系，制定和强化各部门及各岗位应对突发事件的责任制度，确保本店突发事件应急处置的各项规定能得到切实实行。

第十七条　饭店应通过制订相应的应急沟通计划和公共关系处理流程，指定相应的部门与人员，负责在应急管理期间，与员工、客人、上级主管单位、相关政府部门及机构、新闻媒体等的信息沟通事宜。

第四章　物资准备

第十八条　饭店在筹建、重建或装修改造时，应在功能规划上充分考虑预防、处置突发事件的需要，统筹安排应对突发事件所必需的设备和基础设施建设，合理确定应急避难场所。有条件的饭店可以在消防控制中心建立突发事件控制中心，便于所有信息和指令的传递。

第十九条　饭店应为本店的各种交通工具和相关场所配备报警装置和必要的应急救援设备、设施，注明其使用方法，并显著标明安全撤离的通道、路线，保证安全通道、出口畅通。应以自检和配合上级主管单位与相关政府部门及机构检查相结合的方式，定期检测、维护其报警装置和应急救援设备、设施，使其处于良好状态，确保正常使用。

第二十条　饭店应在消防、电源线路设置、电器设备使用、特种设备使用、危险物品管理、建筑施工等方面严格执行有关安全生产的法律、法规，加强日常维护、保养，保证安全运行。

第二十一条　饭店应在重点要害部位、设施和设备上，设置便于识别的安全警示标志。尤其注意要在客房内的显著位置张贴或放置应急疏散图、客人安全须知等安全提示；在落地式玻璃门、玻璃窗、玻璃墙等设施的显著位置设立警示标志；在店内设置能覆盖饭店所有区域的应急广播系统、特殊区域的应急对话设备等。

第二十二条　饭店应建立健全应急物资储备保障制度，完善重要应急物资的监管、储备、调拨和紧急配送体系。明确应急检查清单的内容、应急联系的相关部门与机构和相关人员的联系方式，以及需要配备的各种应急物资等。

第二篇　应急反应

第五章　应急程序

第二十三条　饭店应建立突发事件信息收集系统，通过相关制度的制定和程序的实施，要求各部门和所有人员及时、客观、真实地报告突发事件信息，严防迟报、谎报、瞒报、漏报和传播虚假信息等现象的发生。

第二十四条　先遇到或发现突发事件的员工应及时向饭店相关部门及上级领导汇报。汇报内容应基于当时的实际情况，尽可能多地提供各种相关信息，尤其是事件发生的时间、地点、涉及人员、简要经过和可能的原因，对人身、财产、饭店、周边社区可能造成的影响，需采取的行动和已采取的行动等。部门负责人或值班人员在接到突发事件报告后，如获悉有人员死亡、伤员需救治、设备设施严重受损、明显存在安全威胁等情形，应立即向总经理或其授权代表汇报。

第二十五条　总经理或其授权代表在接到突发事件报告后，应尽快赶赴现场进行实地调查，并视情况安排总机或采用其他方式通知饭店应急处置指挥机构的相关人员共同调查并参与商讨，及时汇总分析各种信息，对可能造成的影响进行评估，决定是否上报上级突发事件应急机构、公安机关或消防机关、管理公司及业主公司和对媒体进行披露等。

第二十六条　如饭店发生造成或可能造成严重社会危害的突发事件，则应按规定立即向上级主管单位和相关政府部门及机构报告。

第六章　应急处置

第二十七条　饭店所采取的突发事件应急处置措施，应与突发事件可能造成危害的性质、程度和范围相适应。在突发事件发生时，应坚持客人和员工安全至上的原则，首先应最大限度地保护客人和员工及其他相关人员的生命安全，其次应最大限度地保护财产安全，尽量避免或减少损失。

第二十八条　饭店应根据突发事件的性质和可能造成的危害，及时启动应急预案。

第二十九条　饭店应及时向客人和员工发布有关采取特定措施避免或者减轻危害的建议、劝告；组织营救和救治受伤人员，转移死亡人员；视情况需要，转移、疏散并撤离易受突发事件危害的客人、员工并妥善安置和采取其他救助措施。

第三十条　饭店应及时转移客人和饭店的重要财产及客人、员工及饭店的重要资料。

第三十一条　饭店应迅速控制危险源，标明危险区域，封锁危险场所，划定警戒区，控制或者限制容易导致危害扩大的生产经营活动并采取其他保护措施，确保物品和饭店财产的安全。

第三十二条　饭店应实施应急沟通计划和公共关系处理流程，有效处理与客人、员工、上级主管单位、相关政府部门及机构、新闻媒体和社区公众等的信息沟通工作。

第三十三条　如相关政府部门及机构已开始介入突发事件的应急处置与救援

工作，饭店应听从统一的指挥和安排，积极主动参加和配合应急救援工作，协助维护正常秩序。

第三十四条　突发事件的威胁和危害得到控制或者消除后，饭店应采取或者继续实施必要措施，防止发生突发事件的次生、衍生事件或者重新引发社会安全事件。

第三十五条　突发事件应急处置工作结束后，饭店应有效实施各种救助、补偿、抚慰、安置等善后工作，妥善解决因处置突发事件引发的矛盾和纠纷，尽快恢复正常经营管理秩序。

第三十六条　饭店应对突发事件造成的损失进行评估，对经验教训进行总结，及时查明突发事件的发生经过和原因，总结突发事件应急处置工作的经验教训，制定改进措施。

第三篇　常用预案要点

第七章　火　　灾

第三十七条　火灾，指凡在时间上或空间上失去控制的并对财物和人身造成损害的燃烧现象。在各种灾害中，火灾是最经常、最普遍的威胁人身安全、财产安全的主要灾害之一。

第三十八条　饭店应成立突发事件应急处置中心以及消防控制中心，便于发生火灾时，统一处理各种突发事件和协调安排各个部门。任何员工若发现有异常的燃烧味、烟雾或火焰等迹象，应先观察火情，并在第一时间报告饭店消防控制中心。

第三十九条　饭店突发事件应急处置指挥机构应及时全面了解具体情况，决定是否下达向消防机关报警、疏散人员、转移财物等指令。及时组织店内应急救援队到指定地点集结，合理分配人力，安排灭火组控制、扑救火情；安排抢救组抢救重要物资、危险品；安排疏散组疏散现场人员；安排救护组负责对现场伤员、残疾客人和行动不便的客人进行救护、转移。

第四十条　饭店消防控制中心在获知报警信息或发现烟感、温感等报警设施启动时，应立即安排人员赶往现场，甄别火情，组织现场人员扑救初起火灾，并视情况决定是否按火情级别通知电话总机启动相应的紧急联络程序；同时，还应视情况及时启动灭火设施、应急广播系统、疏散照明系统、防火卷帘系统、防火门系统以及排烟、送风系统，监控报警系统其他报警点。

第四十一条　在火灾发生时，各部门应按照上级命令统一行动，各司其职。在负责紧急处理的人员到达之前，各部门员工应尽可能留在现场，并与消防控制中心随时保持联系，以便及时提供具体的火情信息。同时，应尽可能使用安全、快捷的方法通知火情周边处于危险区域的不知情者，并视情况使用离现场最近的消防器材控制火情。当饭店下达紧急疏散指令后，要保持各通道畅通，疏散客人及员工到建筑物外指定的安全区域，并及时反馈执行情况。

第四十二条　保安部负责人应迅速到临时指挥部协助指挥，并安排人员组织现场扑救和人员疏散工作，报告火势情况，监视火势发展，判断火势蔓延情况，维持店外秩序，保障消防车通道顺畅，加强对饭店所有出入口的监控，阻止无关人员进入饭店。工程部应安排负责人视火情关闭空调、停气、断电、启动应急发电机等，确保消防电梯正常使用，解救电梯内被困乘客，保证喷淋泵和消火栓泵供水等，确保应急发电机正常运行，消防水源正常供应和排烟、送风等设备正常运行。前厅部应通知电话总机确保店内通信畅通，打印住店客人名单，维持饭店大堂秩序，清除门前障碍。客房部应安排人员迅速清理楼层内障碍物，统计各个楼层的客人人数，对来电询问的客人做好安抚、记录工作。餐饮部应安排人员立即关闭所有厨房明火，安抚就餐客人。人事部应及时通知医务室做好救护伤员的各项准备，迅速统计在店员工人数，安排宿舍管理员组织在宿舍的员工随时待命。财务部应组织外币兑换处及各收银点和各下属办公室的员工收集和保管好现金、账目、重要单据票证等，通知电脑机房做好重要资料的备份、保管工作，做好随时根据指令进行转移的准备。饭店总经理办公室应及时向饭店所有承租店家通报情况，集结饭店所有车辆，随时按要求运送伤员，做好饭店重要档案的整理及转移准备。

第四十三条　火灾后，饭店应安排人员拍摄受影响区域，协助前台部门及财务部门整理损失清单并上交饭店，以便送至保险公司。在必要检查之后，经总经理同意采取补救措施，将受影响营业区域恢复正常状态。按顺序在记录本上记录所有细节，准备好目击证人和相关人员名单，协助在调查中需要援助的人员。

第八章　自然灾害

第四十四条　自然灾害指以自然变异为主因的危害动植物及人类的事件，包括风暴、海啸、台风、龙卷风、水灾、旱灾、冰雪灾害等气候灾害以及地震、山体滑坡和泥石流等地质灾害。

第一节　汛情及极端气候灾害的处置

第四十五条　在汛情或极端气候到来前，饭店应组织人员对防汛器材、防汛设施、避雷装置、污水泵、机房等重点要害部位等进行检查和维护，确保各项设备运转正常；在地下车道口、地势较低的出入口及其他重点要害部位门口准备沙袋；对建筑物顶部、门窗、外围悬挂设施等部位进行检查和维护，并做加固或清理处理。

第四十六条　若获知汛情或极端气候现象出现，饭店应安排人员赶赴现场核查情况，并视情况决定是否通知总机及时启动应急联络程序，调集人员进行堵漏、排水工作，对重点要害岗位、库房等区域增加人力及防汛器材和工具，防止次生灾害发生，下达转移物资指令，启动应急救援预案。

第四十七条　在应急处置过程中，工程部应视情况决定是否切断受灾区域的电源，要及时组织人员携带工具到达现场抢险，对严重积水的部位，抽调排水设备进行排水。保安部应根据指令对发生汛情的岗位增派人员执勤，劝阻无关人员进入受影响区域，安排人员在楼层进行巡逻，防止不法人员进行破坏，防止盗窃及恐慌骚乱，维持公共区域的秩序。在室外值班的安全员，应检查饭店外墙的玻璃窗是否关闭，将外围用电和电源关闭，以免造成短路火灾。其他受事故影响的部门应组织人员做好对客人的安抚解释工作，根据指令疏导客人离开受影响区域。其他人员随时准备协助医务人员抢救伤者，及时与保险公司进行联络。

第二节　地震的处置

第四十八条　饭店处置地震的应急原则为：长期准备，立足突然；统一指挥，分工负责；快速反应，自救互救。

第四十九条　饭店应根据应急情况，制订疏散方案，确定疏散路线和场地，有组织地对客人及工作人员进行避震疏散。当饭店所在区域人民政府发布临震警报（包括有感地震和破坏性地震）后，即进入临震应急期，饭店应及时组织开展临震应急工作。

第五十条　当饭店所在区域及其邻近地区发生地震，并有明显震感时，饭店应及时组织开展有感地震应急处置工作，并根据当地政府和上级部门传达的信息和指令，安排人员做好地震信息的传递和宣传疏导工作，防止地震谣传，稳定客人及工作人员情绪。

第五十一条　当饭店所在区域发生破坏性地震时，饭店应立即组织抗震指挥部。抗震指挥部应即刻进入指挥一线，启动抗震救灾指挥系统，并成立抢险救灾组、医疗救护组、治安保卫组、疏散组、宣传组等工作小组。工作侧重点为组织客人及员工疏散、开展自救互救、预防和消除地震次生灾害。

第九章　饭店建筑物和设备设施事故

第五十二条　饭店建筑物和设备设施，指饭店主要的固定资产，其中，饭店建筑物指饭店进行生产经营活动的人造地面固定场所，设备设施指饭店通过购买或拥有等方式为进行经营管理等活动所使用的工具。饭店建筑物和设备设施事故，指饭店的建筑物和设备设施在特殊情况下出现的异常从而给饭店经营管理活动造成不利影响的各种事件，主要包括停水、停电、停气、电梯运行故障及监控中心无法运转等。

第一节　停水、停电及停气的处置

第五十三条　若根据各种信息反馈，店内停水、停电、停气是店外原因引发，饭店应安排人员联系设备及水、电、气的供应方，说明饭店目前出现的具体情况，详细询问事故的破坏程度和修复时间，并立即向饭店突发事件应急处置指挥机构报告。在故障排除后，应组织人员到相关区域巡查，恢复设备运行，维修受损设备，落实改进措施。

第五十四条　若发现或获知在没有事先通知的情况下，店内发生停水、停电、停气等现象，饭店工程部应立即向相关机房通报情况，安排专业人员携带专用工具到现场查看，检查店内是否存在其他停水、停电、停气现象。若发现机房设备出现了严重故障，工程部应立即向饭店总经理等高层领导报告，指示相关机房启动应急方案，赶往相关机房现场指挥，要求总机启动应急联络程序。各部门负责人接到报警后，应立即返回岗位，随时准备接受相关命令。

　　第五十五条　经确认，停水、停电、停气问题在短时间内无法解决时，饭店应安排专人向相关部门求援，并立即启用临时发电机、临时供水车等救援设备。

　　第五十六条　在应急处置过程中，饭店工程部应视需要，安排专业维修人员分别前往解救电梯内被困乘客；前往配电室启动应急发电机以保障事故照明、消防设施设备用电；前往事故现场进一步查明原因，留守观察，及时反馈。保安部应重点关注监控系统、消防系统等运转情况，依照指令，在饭店各出入口及相关区域增加人手，加大巡视密度，做好事故现场的警戒工作，控制现场，防止发生混乱。前厅部应及时向饭店突发事件应急处置指挥机构提供住店客人资料，并安排人员做好对客人的解释、安抚及客人要求和意见的反馈工作，看管好客人的行李，确保店内指挥通信畅通。餐饮部应要求所有当班服务员及厨师保持冷静，并采取相应措施稳定就餐客人情绪，向客人说明情况争取得到客人谅解。若客人要求离开，应安排服务员给客人照明、指引道路，防止造成混乱。餐饮部负责人及厨师长还应根据指令，及时制定对策，调整菜单，提供易于制作的食品。停电时，客房部应组织人员携带手电筒等应急照明装置赶往楼层巡视，为客人进入房间和离店提供照明。停水时，客房部应从库房或其他场所调集矿泉水，当应急送水车到饭店后，及时给客人提供必备的生活用水。采购部应购买柴油等物品以保证应急发电机正常运行，并联系购买饮用水及食品等，为应急处置提供保障。财务部应组织外币兑换处及各收银点和各下属办公室的员工收集和保管好现金、账目、重要单据票证等，通知电脑机房做好重要资料的备份、保管工作，做好人工处理相关服务的准备。其他各部门应坚守岗位，管理人员应在现场进行督导，及时向饭店突发事件应急处置指挥机构反馈情况，服从统一指挥。

第二节　电梯运行故障的处置

　　第五十七条　若发现或获知电梯因发生运行故障而停机，饭店监控部门应立即确认是否有人受困，并尝试用呼叫电话与轿厢内乘客联系；劝告乘客不要惊慌，静候解救；建议乘客不要采取强行离开轿厢等不安全措施。

第五十八条 通知工程部维修人员按相关操作规程到现场开展解救工作，安排大堂经理等相关人员到事故地点与被困乘客进行有效的不间断沟通，请客人安心等候，协助配合解救。

第五十九条 协助乘客安全离开轿厢后，饭店应及时安排人员安抚乘客，并询问其身体有无不适。对受伤或受惊吓者，应按相关规定及时安排医务人员实施救治。

第六十条 饭店应及时安排工程部电梯维修人员联系厂家对故障电梯进行全面检修，确保电梯运行安全。

第三节 监控中心

第六十一条 监控中心不仅是饭店实施日常安全保卫工作的信息、图像控制中心，而且还是饭店在处置突发事件时期的重要指挥中心。监控中心员工必须有高度的责任心，保证所负责的烟感报警系统、消防喷淋系统、消防水喉配备系统、灭火器材布点系统、监视器设置系统以及广播系统的设备和监控中心机房的设备运营良好。

第六十二条 若在一个点上或多个点上发生突发事件，必要时，保安部经理甚至饭店总经理必须到达现场或到达监控中心指挥。在特定条件下，监控中心可进一步监视现场场景，比如对电梯内的流程接点进行时间控制、录制现场实况，为事后数据分析和破案提供依据。监控中心应与保安各岗位的交互系统同步工作，以便做到一呼百应，提高制度实施的效率。

第十章 公共卫生和伤亡事件

第六十三条 突发公共卫生事件，指突发性重大传染性疾病疫情、群体性不明原因疾病、重大食物中毒以及其他严重影响公众健康的事件。伤亡事件，指除凶杀外的所有意外伤亡事件，包括因自杀、工伤、疾病、意外事故等造成员工或客人伤亡的事件。

第一节 公共卫生事件的处置

第六十四条 公共卫生事件的预防必须以各部门以及每位员工的积极预防为

主。饭店应教育全体员工养成良好的个人卫生习惯，加强卫生知识学习，提高自我保护意识和自救能力，不食用不洁食品和可能带有传染病原的动物。饭店应定期对员工进行身体检查，做到"早发现、早报告、早隔离、早医治"。若员工在店外被发现患有传染病或疑似传染病，员工本人应及时根据状况严重程度及医生建议向饭店汇报；若员工在店内得知自己或被发现患有传染病或疑似传染病，员工本人或发现其症状的员工应立即向饭店汇报。若员工被确诊已患传染病，饭店应视情况及医生建议，决定是否对与之接触过的员工或客人设法进行相关检查。相关人员应做好保密工作。患有传染病或疑似传染病的饭店员工应待医院及饭店医务室确认无恙后方可上岗。

饭店各部门应定期开展卫生清扫，积极消除鼠害、蚊、蝇、蟑螂等病媒昆虫。采购部应把好食品采购关，不购买未经检疫的动物、肉食及制品，对购进的禽畜类生物及制品，应严格验收登记，一旦发现问题，应立即停止食用；应把好生产、加工、运输、贮存关，做到食品加工"当日生产、当日销售、当日食用"，运输工具天天消毒，食品储存、加工生熟分开。工程部应加强对饭店空调系统的管理，保持良好的通风换气，定期对电梯、公用电话等公共设施和用具进行消毒。

第六十五条　当发生突发公共卫生事件时，饭店突发事件应急处置指挥机构应立即召集相关人员听取情况汇报，视情况决定是否向相关疾控中心、公安机关及上级部门报告。饭店医务室在接到报告后，应立即了解相关人员病情，如经总经理授权，应立即报告疾控中心，配合防疫部门及时做好消毒、监测、隔离工作，将疫情控制在最小范围内。

第六十六条　如果突发公共卫生事件发生在饭店公共区域、餐厅或客房等店内区域，最先发现情况的员工应立即报告饭店，并由饭店派人与客人联系。负责与发病客人交涉的人员应做好自我保护工作。

第六十七条　饭店应及时安排相关人员陪同医务室医生前往询问客人相关信息，采取必要救治措施，同时等待疾控中心专业人员到达并配合行动。如传染病客人不配合工作，可通知保安部协助或由保安部上报有关部门。

第六十八条　客人被送往医院后，饭店应视情况决定是否采取保护或消毒措施，如客人被确诊患有传染病，饭店应及时对其使用过的器皿、客房等进行严格消毒，清查与之接触过的员工群体，确认易感人员名单，按要求进行隔离观察，确保其他员工和客人的安全。如病人被确诊为重大传染病病例，饭店应根据传染病传播程度或防疫部门的要求，采取部分或全部封闭措施，并根据封闭范围和在岗人员情况，成立由总经理领导的指挥部，组成对客服务组、生活保障组、后勤供应组、安全警卫组、义务救护组负责饭店部分封闭期间的正常运转。

第二节　食物中毒的处置

第六十九条　若发现或获知有客人或员工出现食物中毒症状，发现人应首先了解中毒者国籍、人数、症状程度等基本情况，然后向饭店总机或其危机应急中心报警。总机或其危机应急中心应立即向饭店总经理等高层领导报告，按指示启动应急联络程序，同时向急救中心求援。在现场的饭店工作人员应妥善安置中毒者，保护好现场。

第七十条　饭店突发事件应急处置指挥机构应立即了解情况，并视情况决定是否向相关的疾控中心、公安机关及上级部门报告。

第七十一条　饭店应及时安排医务室医生携带急救药品和器材赶往现场，实施必要的紧急抢救，并根据具体情况决定是否将中毒者送往医院抢救，或等待急救中心专业人员处理。饭店应安排食品化验员了解详细情况，找出可疑食品及食品盛放工具，对病人呕吐物等加以封存，对食物取样化验。如涉及外籍人员，应视需要向外事主管部门报告。

第七十二条　饭店保安部应派人做好现场保护工作，协助医务人员抢救中毒者，验明中毒者身份，做好询问记录。如有投毒怀疑，保安部负责人需请示饭店总经理决定是否向公安机关报告，并视情况决定是否划定警戒区，及对相关的厨房、餐具、食品进行封存。

第三节　意外伤亡事件的处置

第七十三条　饭店员工发现饭店区域内有人身意外伤亡事件发生，必须立即报告保安部，同时注意保护现场。保安部接到报告后，应记录时间、地点、报告人身份及大概伤亡性质，如工伤、疾病、意外事故等。接到报告后，保安部经理应立即到现场，同时通知值班经理（大堂）和医务室，如涉及设备导致的工伤，应通知工程部。饭店总经理由保安部负责人通知。如遇死亡事件，饭店应向公安机关报告。

　　第七十四条　保安部到现场后，应立即设立警戒线封锁现场，疏散围观人员。如是设备导致的工伤，由工程部关掉有关设备，由保安部和医务室人员确定伤亡结果。如人员未死亡，应立即组织抢救，保安部酌情向伤员了解情况，大堂经理和医务室人员联系就近医院和急救中心；如确定人员死亡，应立即将现场与外界隔离，遮挡尸体并注意观察和记录现场情况。如明显属于凶杀或死亡原因不明，应按凶杀案程序处理。如确定是意外死亡，应进行拍照，访问目击者和知情人，隔绝围观，遮挡尸体并保护现场。保安部负责报告公安机关并配合勘察，勘察完毕应立即将尸体转移至相关太平间存放。

　　第七十五条　如事件涉及员工，由保安部和人事部共同负责处理善后工作；如事件涉及客人，由保安部和值班经理共同负责处理善后工作，如清点客人财物等。保安部负责调查或协助公安部门调查、记录事件发生经过及处理情况。工程部负责恢复有关设备。行政部负责提供药品、车辆。客房部负责清理现场。

第十一章　社会治安事件

　　第七十六条　社会治安事件，是指现实社会中在一定法律、法规和制度的约束下而出现的影响社会安定和秩序的事件，具体包括拨打恐吓电话及放置可疑爆炸物事件，抢劫、暗杀、凶杀、枪击、绑架等暴力事件，非法展览或非法集会事件，诈骗犯罪事件，散发非法宣传品事件，大型活动或会议突发事件等。

　　第七十七条　饭店应通过有效培训，使员工在各种社会治安事件面前，基本做到沉着冷静。现场第一发现人能记清犯罪嫌疑人的体貌特征、凶器及踪迹，并及时向饭店报告，同时按照饭店应急处置指挥机构的指示与命令做好各项工作。

　　第七十八条　在应急处置过程中，饭店突发事件应急处置指挥机构应及时全面了解具体情况，决定是否下达排查隐患、向公安机关报警、疏散人员等指令。各部门接到相关指令后，应立即对本部门各辖区开展排查工作。若接到疏散指令，应及时通知和引导所辖区域的客人疏散到安全区域，客房部、餐饮部、前厅部等应做好对来电咨询的客人或本饭店客人的安抚工作。若社会治安事件已在店内造成人员伤亡，各部门应及时组织伤员抢救工作，并启动其他相关处置预案。

第一节 恐吓电话及可疑爆炸物的处置

第七十九条 饭店应制作恐吓电话填写单。接听恐吓电话时，应冷静、礼貌倾听，不打断来电者。当来电者还在线时，接听人应当用事先规定的暗号通知其他人员。

第八十条 饭店保安部在获知店内发现有客人遗留的包、纸箱及其他可疑物品后，应立即安排人员携带防爆毯等工具赶赴现场识别检查，设置警戒，并严禁触摸、移动可疑爆炸物。如怀疑为爆炸物，应马上向饭店报告，并要求总机启动应急联络程序，安排人员封闭现场，疏散现场周边人员，控制相关出入口，对可疑人员进行询问、监视。对第一发现人及时进行问讯记录，做好前期的证据保留工作。工程部应立即关闭现场附近可能引发恶性事故的设备设施，撤走周围的易燃、易爆物品，及时准备饭店平面图及必备的设施，做好停水、断电、关闭天然气及抢修的准备工作，并对店内重点要害部位进行认真细致的排查。前厅部应及时准备在店客人名单，有效维持饭店大堂和公共区域秩序，及时清除门前所有障碍物，确保店内通信系统畅通。其他相关部门应采取的行动参考第四十二条的相关内容。

第八十一条 事件发生后，如被要求发布新闻，须经总经理批准。新闻发布须根据饭店应急处置指挥机构统一口径进行。新闻发布由饭店公关部或总经理办公室负责，但仅限以下内容：对事件的一般描述，报告事件、地点、受伤或死亡人数（注意，不提人员姓名），更多详情需等调查结果出来后再发布。

第二节 抢劫、凶杀、枪击、绑架等暴力事件的处置

第八十二条 处置抢劫、凶杀、枪击、绑架等暴力事件时，饭店应根据违法犯罪行为的具体情况，采取有效措施及时处置。在处置过程中，应采取有利于控制事态、有利于取证、有利于缩小影响、力求最小限度受损的处置原则。处置要及时，应尽可能把违法犯罪活动制止在萌芽状态。若发现人员有犯罪倾向，应及时采取控制或教育的措施，并视情向主管安全部门反映，尽量减少暴力事件的发生。

第八十三条 如发生暴力事件，饭店突发事件应急处置指挥机构应及时全面了解具体情况，通知电话总机启动应急联络程序，下达指令封闭区域，保护现

场，向公安机关报告，疏散现场周边人员等。

第八十四条　在应急处置过程中，保安部应及时安排人员设置警戒线，控制相关出入口，协助公安部门对第一发现人及时进行问讯记录，做好证据保留工作，调取监视系统中相关的影像资料。若犯罪嫌疑人正在威胁他人生命，现场的最高管理者要设法稳定其情绪，控制事态发展，等待公安人员前来处置。如有伤者，应向急救中心求援。在急救中心专业人员未到达前，医务室人员应携带必备急救药品到指定地点对伤者进行紧急救治。如有伤亡人员需送往医院时，应安排人员随同前往，并做好医院就诊的各项记录。前厅部等相关部门应及时调取客人受伤害的资料，上交饭店突发事件应急处置指挥机构。总机要确保通信联络畅通。保安部人员参与转运死伤人员，并对客人遗留在公共区域的财物进行统计和保管。

第三节　非法展览或非法集会的处置

第八十五条　饭店员工若发现有人在店内正在举行或即将举行非法展览或非法集会，应立即向保安部报告；饭店销售人员若发现举办方的活动与原定活动内容不符或活动性质改变，应及时报告保安部，并与举办方交涉，要求其暂时停止相关活动。

第八十六条　保安部接到相关报告，应立即安排人员赶赴现场查明情况。在请示饭店总经理后，视情况决定是否按相关规定及时报告公安机关。

第八十七条　对存在严重威胁国家安全、攻击国家政府行为的非法展览或非法集会，饭店应采取果断措施，及时报告公安机关，防止事态扩大。在处理过程中，应协助公安机关重点关注首要人员和极端人员，注意发现别有用心人员，尽量避免发生不必要的冲突。对已经扩大的复杂事态，应慎重处理，要及时劝阻、疏散围观人员，尽量保护好现场。协助控制、看管违法人员，防止其逃跑、自残、自杀或伤害他人。应有效控制在场的当事人和见证人，积极配合公安机关展开调查。

第四节　诈骗事件的处置

第八十八条　宾客入店时，必须填写临时住宿登记单，预交住房押金。前台服务员应严格执行公安机关关于住宿客人必须持有效证件（护照、身份证）办理住房登记手续的规定，对不符合入住要求的不予登记，并及时报告保安部和前厅部经理。对使用支票付账的国内宾客，应与支票发出单位核实，发现情况不实时，应设法将支票持有人稳住，速报保安部，待保安部人员赶到后一起进行处理。

第八十九条 住店宾客在饭店的消费金额超过预付押金金额时，饭店可根据情况要求其追加押金或直接结算。饭店各岗位收银员应熟悉银行支付款的"黑名单"，严格执行检查复核制度。收取现金时，应注意检查货币特别是大面值货币的真伪，发现假钞时，应及时报告保安部，由保安部和财务部出面处理。

第九十条 发现持有假信用卡、假币者，应采取以下措施：

同发卡银行联系，确定信用卡真伪，一经确认是假信用卡或假币，立即将其假信用卡、假币、护照或其他证件扣留；及时通知保安人员到场控制持假信用卡币者，防止其逃离或做出危害员工安全的行为；打电话报告值班经理、财务部和保安部。经保安部初步审理，视情况报告公安机关。

第五节　散发非法宣传品事件的处置

第九十一条 非法宣传品，指有危害国家安全、利益，攻击我国社会制度和领导人，危害政治安定和社会稳定或未经国家有关部门批准而发放的有虚假内容的书、报、刊物、资料、音像制品、招贴画和广告等。

第九十二条 保安部应加强对公共区域的巡视，如发现有散发非法宣传品迹象的可疑人员，应立即进行监控、制止和盘查。各岗位服务员在服务时，发现形迹可疑或正在散发非法宣传品、物品的情况时，一要立即制止，二要立即报告，三要控制住可疑人员和物品。大堂服务员及行李员应留意来往客人是否携带有非法宣传品和有随意丢弃物品的可疑迹象。客房服务员应注意发现在客房区域无目的徘徊的可疑人员，在清扫房间时，应留意是否有非法宣传品。饭店各平台和制高点的出入口，应有专人负责管理，未经批准者不得进入，并做到随时关锁。

第九十三条 事件发现人应迅速向保安部和电话总机报告，并讲清事发地点，宣传品内容、性质，有无可疑人员及报警人姓名和所在部门等。

第九十四条 接到报警后，保安部应立即派人赶到现场处理，扣留嫌疑人并收缴其随身携带的宣传品，检查其身上是否有其他宣传品，并迅速将其带离现场进行进一步审查。如此种行为发生在大厅或其他公共区域，服务员和保安人员应立即上前制止，并将其迅速带离现场，同时收缴全部非法宣传品。发现或接报有人从建筑物上向下散发宣传品时，应对现场进行拍照取证，调查了解事情的经过和造成的后果，收集必要的证据（人证、物证）；控制现场，疏散围观群众，防止事态进一步扩大；经审查和核实，请示饭店领导速报公安机关和有关部门。前厅部、大堂经理应做好围观客人的解释工作，并收回客人手中的非法宣传品交保安部。其他岗位的服务员在岗时，如发现有人散发非法宣传品，应立即制止，并视情况扣留相关人员和非法宣传品，送交保安部处置。如非法宣传品已经散落在地，应立即行动，全力收缴，并上交保安部。经审查，嫌疑人确系散发非法宣传品时，应将其及非法宣传品送交公安机关处理。将可疑人员带离现场或饭店时，保安部应设计好路线，将事件影响降低到最小程度。

第六节　大型活动或会议突发事件的处置

第九十五条　在举行各类大型活动或会议前，饭店保安部应对会场进行安全检查，确保疏散通道畅通，疏散门能够全部开启，并准备好手持扬声器和其他通信设施、手电等协助疏散用品，确保其能有效使用。

第九十六条　在活动或会议正式开始前，饭店保安部应再次向举办方了解参加人数，并在各疏散出口等重要位置安排适当数量的保安人员。在参加活动人员陆续抵达饭店期间，应安排专人注意观察是否有作案嫌疑人或不法活动苗头。

第九十七条　若在活动或会议进行过程中发生突发事件，在现场服务的饭店相关管理人员应立即向保安部报告，并要求在场人员保持冷静、不要惊慌，服从饭店保安人员指挥，或向公安机关请求支援。如发生停电等事故，还应通知工程部启动停电处置预案。

第九十八条　在开始播放疏散广播后，各出入口的保安或服务人员应用手持扬声器等设备提示客人携带好贵重物品，防止发生拥挤、推搡、跌倒以及踩踏事故，引导客人疏散到安全区域，并安排人员安抚客人。等现场人员全部疏散完毕后，保安部应安排人员对各出入口做好警戒，防止发生趁机哄抢和冒领现场遗留物品的事情，并对现场遗留物品进行逐一登记，及时做好发还工作。

第十二章　公关危机事件

第九十九条　公关危机事件，指各种突发性的危害饭店声誉的事件。

第一百条　饭店应建立公关危机事件处置小组，全面负责突发事件的预防、处理、跟踪和媒体监控活动。建立快速反应检查系统，建立针对内部信息系统和与媒体联系的意外事件处置方案，收集事件证据，填写危机事件表，及时回应媒体的咨询或现场采访的要求。帮助减少伤害和控制负面传播，及时引导媒体，维护饭店声誉。

第一百零一条　饭店应建立对外信息发布制度。饭店员工如接到媒体的电话问讯或要求采访、到现场拍摄等请求时，应礼貌热情，协助将电话转至公共关系部或总经理办公室。公共关系部或总经理办公室将安排饭店总经理或集团（公司）授权的发言人就媒体的要求进行回复。对来访的记者，员工应表示自己无权解答，礼貌地帮助记者找到公共关系部或总经理办公室。在饭店内，只有总经理或总经理授权的相关负责人有权解答记者的问题，经总经理或总经理授权的相关负责人确认后的文字资料才能对外发布。在发生突发性事件后，饭店应立即通知更高级别的管理者，避免发布不一致的信息。

第一百零二条　对外发布信息应在公关危机事件处置小组或饭店指定的执行机构审定后进行。公关危机事件处置小组领导应起草新闻陈述初稿并提交饭店总经理批准。饭店公关危机事件处置小组的成员应该接受公关危机培训。

第一百零三条　若新闻媒体报道了有关饭店的不确切的消息或不切题的引述，饭店应立即通知公共关系部或总经理办公室。公共关系部或总经理办公室应致电相关新闻媒体，请其核实并及时更正。